U0107927

本书为国家社会科学基金青年项目"早期中国共产党人探索'第三新文明'的实践历程与历史经验研究"（编号：22CDJ009）的阶段性研究成果

信 元 著

The Early Dissemination and Acceptance of
Historical Materialism in China:
A Study on the
Influence Mechanism of Scientism

唯物史观
在中国的早期传播与接受

科学主义思想的影响机理探究

社会科学文献出版社
SOCIAL SCIENCES ACADEMIC PRESS (CHINA)

目　录

绪　论

　　五四运动爆发后，以唯物史观为主要内容的马克思主义学说在中国逐渐成为新文化运动的主流。当时知识界，无论是早期马克思主义者还是早期国民党人、无政府主义者，抑或自由主义者，都在不同程度上表现出对唯物史观的认同。这种认同的表现之一是时人对唯物史观的大量介绍和传播，以早期国民党人戴季陶、胡汉民、朱执信等对唯物史观的传播为例，《星期评论》《建设》甚至国民党中央机关报《民国日报》副刊《觉悟》等刊物都成为这一时期传播马克思主义和唯物史观的重要阵地①。在这一时期"百家争鸣"的社会思潮之中唯物史观为何脱颖而出，成为知识界追捧的主流思想之一？其中既有国际、国内环境的影响②，也有唯物史观理论与中国传统文化的契合性等方面的影响。如果从中国先进分子思想发展和转变的视角来看，还需要进一步探讨他们选择和接受唯物史观思想的"前史"，以进一步深化对这一问题的认识和理解。而通过对他们思想"前史"的挖掘和分析，就会发现五四运动前期的科学主义思想对于时人选择和接受

---

① 据统计，《星期评论》共发表有关马克思主义的文章 50 篇左右，约占其文章总量的 1/9，《建设》共发表有关马克思主义的文章 20 篇左右，占其文章总量的 20% 左右，《觉悟》共发表有关马克思主义的文章 50 多篇。具体参见胡为雄《马克思主义哲学在中国传播与发展的百年历史》上册，百花洲文艺出版社，2015，第 131 页。

② 国际环境主要指俄国十月革命的胜利以及一战后西方社会民主形象的坍塌，国内环境主要指五四运动等。

唯物史观产生了重大的影响。

晚清以降，由于儒家思想为中国社会和文化的骤变提供参考框架的功能衰退，中国先进分子开始向西方学习，经过了学器物、学制度再到学文化的历程。在这个变迁过程中，科学思想逐渐从有识之士向知识阶层再向广大的普通民众扩散。甲午战争之后，科举制度废除，新学制颁布，科学成为学校教育的必修课。这一系列变化使传统封建思想和迷信观念无处遁形。在科学思想的传播下，至五四运动前后，科学观念已经深入人心。胡适曾对这一现象有一段经典的描述："这三十年来，有一个名词在国内外几乎做到了无上尊严的地位，无论懂与不懂的人，无论守旧和维新的人，都不敢公然对他表示轻视或戏侮的态度。那个名词就是'科学'。"[①] 在半个多世纪之中，"科学"因其高度的权威性构成了时人选择和接受马克思主义的解释学背景。

具体而言，五四运动之前的科学思想为唯物史观在中国的传播奠定了基础，扫清了障碍，搭建了桥梁。一方面，科学主义对中国先进分子接受唯物史观起到了至关重要的基础作用。其一，从社会基础来看，熊月之曾这样形容："对于中国知识界来说，三十年前，八大行星之说，地层构造学说，还被视为玄之又玄、高深莫测的新学；二十年前，化学元素之说，万有引力之说，还只有少数学者能够理解；十年前，自主自由之说，反对缠足之说，还被视为洪水猛兽。到20世纪初，这些都已经变成童蒙教科书的内容，成为任何一个有文化的人都必须了解的知识和道理。"[②] 清末新政实施后，科举废除，"壬戌学制"和"癸卯学制"相继颁布，以及随之兴起的全国范围内的新式教育使科学思想逐渐从上层社会向下层民众普及，一些科学知识已经

---

① 胡适：《〈科学与人生观〉序》，载张君劢、丁文江等《科学与人生观》，山东人民出版社，1997，第10页。

② 熊月之：《西学东渐与晚清社会》，上海人民出版社，1994，第671~672页。

成为常识①。其二，从人才基础来看，早期唯物史观传播者大都接受过科学主义思潮的洗礼，成为具备一定科学常识的"新民"。他们或者在新式学堂接受过科学教育，或者阅读过一些传播科学内容的报刊，或者曾留学海外。科学知识在一定程度上促成了他们的思想启蒙，使他们开始"开眼看世界"，完成了思想上的第一次转变。其三，从思想基础来看，科学的物质观、宇宙观、世界观以及进化学说构成了时人接受唯物史观的思想基础。例如，"陈独秀和胡适等人在运用'科学'概念的过程中"，"显现出一种把知识论与方法论导向宇宙论和道德论的逻辑指向。"② 也就是说，唯物主义、进化主义等思想不仅仅是他们选择和接受唯物史观的思想"前史"，更是一种桥梁和中介。另一方面，五四运动前后，在探索"中国向何处去"的过程中，唯物史观因为兼具科学性和实践性而成为中国先进分子的思想理论武器。马克思、恩格斯从科学的实践观点出发创立了唯物史观，指出社会历史的发展是一个自然历史的过程，生产力决定生产关系，经济基础决定上层建筑。人类社会与自然界一样，是不断向前发展进步的。对于如何实现进步、如何达到理想社会等问题，与形形色色的空想社会主义只谈理想不问路径的模式不同，马克思主义明确指出只有通过阶级斗争的方式，才能实现社会理想，这为探索社会根本改造的中国先进分子指明了出路。

本书的研究主线是考察早期科学主义与唯物史观在中国传播的关系。具体包括：第一，清末民初的科学思潮普及状况及其对中国早期马克思主义者的思想影响；第二，五四运动时期，科学主义理念与中

---

① 金观涛、刘青峰认为："随着科学教育的普及，科学知识转化为常识，传统常识与科学知识之间的鸿沟就立刻消失。"参见金观涛、刘青峰《观念史研究：中国现代重要政治术语的形成》，法律出版社，2009，第45页。

② 陈平原、王守常、汪晖主编《学人》第1辑，江苏文艺出版社，1991，第42页。

国唯物史观早期传播者"初释"唯物史观内容之间的关联；第三，科学与人生观（科学与玄学）论战（"科玄论战"）后科学主义与唯物史观初步结合的过程。

考察这一问题的意义在于，首先，从历史意义来说，唯物史观启发和哺育了一部分先进分子走上正确的革命道路，从而挽救中国于水火。而对于为什么唯物史观能够被中国先进分子所接受？仅仅分析背景性的因素是远远不够的，需要从思想史维度进行更深入的挖掘来把握这一问题。其次，从学术意义来说，虽然学界单独考察科学主义或唯物史观的研究汗牛充栋，但鲜有学者研究二者之间的关系，因此本书致力于推进对二者关系的研究，以便准确把握唯物史观的接受史，从而进一步深化对马克思主义中国化的认识。最后，从现实意义来说，自 20 世纪 80 年代末 90 年代初以来，随着西方史学新思潮的传入与影响日渐扩大，唯物史观在思想界的指导地位受到了冲击，甚至被边缘化，唯物史观的科学性遭到质疑。如何捍卫唯物史观的科学性以及其在意识形态领域内的指导地位也是本书力图阐明的。

一 科学主义和唯物史观的研究情况

本书主要围绕科学主义和唯物史观早期传播两个方面展开，以下分别从科学主义和唯物史观两个方面简要介绍其研究情况。

（一）关于五四运动前科学主义在中国的传播及解读

具体来讲，学界的研究主要集中在以下几个方面。第一，"科学主义"概念。国内外学者针对"科学主义"提出了诸多定义。例如，杨国荣认为，科学主义可以看作哲学观念、价值原则、文化立场的统一。在哲学层面，科学主义以形而上的世界图景和实证论为其核心，二者似相反而又相成；在价值观层面，科学主义由强调科学的内在价值而导向人类中心论（天人关系）与技治主义（社会领域）；在文化立场上，科学主义以科学化为知识领域的理想目标，并多少表现出以科学知识消解叙事知识和人文知识的趋向，与之相联系的是以科学为解决一切问题的万能力量。在科学主义的形式下，科学成为信仰的对象。① 一些学者普遍认为，科学主义有三重内涵。在本体论层面，科学主义将科学"泛化为一种形而上的世界图景，并相应地将科学引申为构造的原理"。② 在价值论层面，科学主义将人类的价值论导向了人类中心主义和技术主义。在认识论层面，科学主义认为真理的知识必须出于科学的方法。③ 陈广仁列举了 36 个"科学主义"的定义，指出："科学主义原本是一个认识论概念，主要限制在知识论和方法论意义上，其核心目标是说明科学在认识中的地位"，"科学主义作为一种具有渗透力的思潮，随着科学的迅猛发展，与各门科学都形成了紧密的关联，它已经不止是一种方法论上的诉求，更多的是一种处于隐性状态的对权力、知识的诉求。换言之，科学主义已成为一种意识形态，任何知识和行动要取得合法性地位都得借助于科学主义的话语。"④ 郭颖颐认为："唯科学主义是一种从传统与遗产中兴起的信仰形式，科学本身的有限原则，在传统与遗产中得到普遍应用，并成为文化设定及该文化的公理。更严格地说，唯科学主义可定义为那种把所有的实在都置于自然秩序之内，并相信仅有科学方法才能认识这种

---

① 杨国荣：《科学的形上之维：中国近代科学主义的形成与衍化》，上海人民出版社，1999，第 7 页。

② 杨国荣：《科学的形上之维：中国近代科学主义的形成与衍化》，上海人民出版社，1999，第 3 页。

③ 叶飞：《科学主义在近代中国的传播轨迹及其教育影响》，《教育导刊》2013 年第 4 期，第 12 页。

④ 陈广仁：《科学主义的 36 个定义》，《科技导报》2010 年第 9 期，第 118 页。

秩序的所有方面（即生物的、社会的、物理的或心理的方面）的观点。"① 总的来说，学者普遍认为"科学主义"这一概念包含三个层面的内涵。第一个层面是认识论层面，认为以自然科学为基础的"科学"特别是科学方法具有终极正确性和普遍适用性，这是科学主义内涵的基础层面；第二个层面是本体论层面，在这一层面中，学者将自然主义从自然科学推广到人类社会，认为人类社会与自然界一样受到科学规律的制约，研究人类社会的哲学、心理学、社会学等都是科学，这是科学主义内涵的核心层面；第三个层面是"精神和信仰"层面，这一层面进一步将科学主义上升为一种意识形态，并认为理性、客观、批判、实证等精神可以推广到一切领域，并成为人们信仰的对象。

第二，科学主义在中国的早期发展和演变。首先，明清之际的"格致学"到"科学"。科学在中国古典文献中最早是指分科之学。将英文"science"译为"科学"是近代以后的事情。在 20 世纪以前，"科学"一词还未在中文里出现，声光化电等学问统称为"格致学"。② 樊洪业认为，"格致"最终演变为"科学"是在开放的条件下不断接受外来文化冲击的结果。在中国古代文化中，"格致"最早指道德修养方法，朱熹之后，"格物、致知、诚意、正心、修身、齐家、治国、平天下"简称"格致诚正修齐治平"，这八字箴言是由不同环节环联而成的道德修养链。至西方传教士利玛窦来华传教，徐光启才开始把西学称为"格物穷理之学"。清末鸦片战争打开了国门，在亡国灭种的危机下，一些开明之士首先"开眼看世界"，大力宣扬

① 郭颖颐：《中国现代思想中的唯科学主义（1900~1950）》，江苏人民出版社，1998，第 16~17 页。
② 王果明：《从"格致学"到"科学"——近代中国对"科学"认识的深化》，《中州学刊》1990 年第 2 期，第 38 页。

学习西方先进的科学技术，因此，他们在传统旗帜下将西方自然科学作为"格物至理"的学问重新提了出来。各地纷纷建立"格致馆""格致书院"来普及科学知识。这一时期，格致学的内涵主要包括：一是泛指科学技术总体；二是泛指自然科学总体；三是只包括物理学和化学；四是专指物理学。甲午战争后，中国知识界普遍觉醒，在向日本学习的过程中，日本人西周最早使用"科学"一词。康有为受日本的影响，不仅是中国最早引入"科学"的人，还是最早使用"科学"的人。而"科学"一词真正在知识界迅速普及是在严复之后，随着科举制度废除、清末教育改革，"格致"和"科学"一度并存，直到民国初年的教育制度改革时，格致课才改为理科，"格致"从此与科学话别。[①] 对此，金观涛、刘青峰认为，1902 年以后中国知识分子之所以纷纷抛弃"格致"，而采用"科学"作为"science"的译名，是因为"科学"取代"格致"意味着中国知识系统的现代转型，与儒家意识形态中的"格致"划清界限是意识形态由儒家更替为马克思主义在语言上留下的印痕。[②]

其次，中国近代科学主义思潮的历史演变过程。杨国荣指出，近代科学观念的历史演变经过了四个发展过程。一是"器""技"混而为一。鸦片战争后，中国人开始"开眼看世界"，林则徐、魏源等认为，西方近代文明之长主要在于"器"，将"器"与"技"混而为一。他们对西方科学的理解仅仅限于其外在的结果和表现，还未重视科学技术的内在本性和价值。二是"有用之学"，洋务派兴办实业，除了办工厂、修铁路、开矿山、建海军等之外，还设立了译书馆等机构，有组织地翻译了大量西方的科学技术文献。三是"技进于道"，

---

① 樊洪业：《从"格致"到"科学"》，《自然辩证法通讯》1988 年第 3 期，第 39 页。
② 金观涛、刘青峰：《观念史研究：中国现代重要政治术语的形成》，法律出版社，2009，第 326 页。

维新派赋予科学某种形而上的性质，将进化论由自然之原理升华为一种普遍的宇宙法则（广义的道），成为适者生存、自强保种等救亡意识的历史命题。维新志士主要表现为赋予某种形态的科学较为普遍的规范功能。四是五四运动时期"科学精神"（世界观、思维方式、人生态度、价值取向）升华提供了一种新的思维方式——尊重实证与尊重理性。尊重理性意味着肯定个人的独立品格。^① 陈独秀写道："若有意识之人间，各有其意识，斯各有其独立自主之权。若以一人而附属一人，即丧失其自由自尊之人格。"^② 段治文认为，科学主义思潮在近代中国也经历了四种演变形态，与杨国荣不同的是，他把这种形态划分为从洋务派的器物层面到维新人士的方法论层面再到新文化的文化启蒙层面，最后到唯科学层面。^③

最后，五四运动时期的科学思潮研究。其一，学者首先研究五四运动时期思想家的科学观。学者普遍认为，五四运动时期的思想家深化了科学的内涵，使科学由形而下的"器"变为形而上的"道"。杨国荣指出："它（科学）已超越了实证研究之域而被规定为一种普遍的价值——信仰体系。"^④ 岳明君指出："陈独秀等一方面从社会、人生、道德的意义上宣传科学，一方面也宣扬了科学的发展将解决人类社会基本问题的观点，把科学同社会问题的解决紧紧联系在一起，从而使科学跳出了以物为变革对象的狭隘的技术层面，从'器'、'技'提升到'道'的层次，以社会主体作为变革对象，深化了科学的内

① 杨国荣：《科学的泛化及其历史意蕴——五四时期科学思潮再评价》，《哲学研究》1989年第5期，第11页。

② 陈独秀：《一九一六年》，《陈独秀文集》第1卷，人民出版社，2013，第133页。

③ 段治文：《近代科学主义思潮对马克思主义传播及中国化的影响》，《嘉兴学院学报》2018年第4期，第68页。

④ 杨国荣：《科学的形上之维——中国近代科学主义的形成与衍化》，上海人民出版社，1999，第16页。

涵。"① 其二，关于五四运动时期科学主义的表现，郭颖颐认为，五四运动时期的唯科学主义者"是一些热衷于用科学及其引发的价值观念和假设来诘难直至最终取代传统价值主体的知识分子"，分为以陈独秀和吴稚晖为代表的"唯物论唯科学主义"和以胡适、丁文江为代表的"经验论唯科学主义"。② 黄知正认为五四运动时期的科学思潮一方面全面引进了近代科学知识，积极将西方发展起来的近代科学体制和新型科学文化移植入国内；另一方面将科学导向一种社会革命的理论和方法，大力宣传近代理性主义、实用主义、进化论以至唯物辩证法、唯物史观等。③ 其三，关于五四运动时期科学思潮的影响，学界主要有两种观点。第一种观点认为："五四运动中提出的科学精神，不只是一次对蒙昧与迷信的冲击，更重要的是它在历史中树立了一座象征性的丰碑，它意味着从'价值的重建'到'重建的价值'中理性判断的达成，它象征着中国政治发展观的科学化，象征着人民政治利益表达正规渠道的法理性确立，象征着科学精神对五四科学自身的剖析与扬弃。"④ 另一种观点则认为，五四运动后，特别是"科玄论战"后，科学思潮在中国彻底走上了唯科学主义的道路，科学原理日益变得权威化和独断化。

第三，唯科学主义。1998 年郭颖颐的论著《中国现代思想中的唯科学主义（1900~1950）》一书出版后，在学界掀起了一阵研究唯科学主义或科学主义的热潮。对于唯科学主义的定义，学者普遍趋向

① 岳明君：《从"赛先生"到"科教兴国"》，《中共党史研究》1999 年第 3 期，第 46 页。
② 郭颖颐：《中国现代思想中的唯科学主义（1900~1950）》，江苏人民出版社，1998，第 23 页。
③ 黄知正：《"五四"科学思潮的双重轨迹》，《上海社会科学院学术季刊》1989 年第 2 期，第 26 页。
④ 谷雪：《试论五四运动中的"科学"的象征意义》，《内蒙古社会科学》1999 年第 2 期，第 25 页。

于引用 1986 年美国出版的《韦伯斯特新国际英语词典》中的定义，
即科学主义是"认为自然科学方法应该用于一切研究领域（包括哲
学、人文科学和社会科学在内）的主张，是一种相信自然科学的方
法才能富有成效地用来获取知识的信念"。[①] 对于唯科学主义在中国
的发展演变过程，范岱年划分为：唯科学主义在中国的流行始于
1923 年的科学与人生观大论战，1927～1949 年中国先进知识分子日
益接受马克思主义的唯科学主义，1949～1976 年马列主义和毛泽东思
想的唯科学主义，以及 1978～1989 年唯科学主义和人道主义之争，
最后是 21 世纪初开展的有关唯科学主义之争。[②] 段治文指出，五四
运动前后唯科学主义思想发展出现了三种路向，五四运动时期，《科
学》和《新青年》正式打出"科学"的旗号，并将其作为价值信仰
的对象。在这一时期一开始，唯科学主义思潮以陈独秀、胡适为代表
分别沿着严复、康有为所开创的思想理路演进；到后期，出现了以丁
文江为代表的自然科学家的唯科学主义观，由此形成了中国近代唯科
学主义思想发展的三种路向。[③] 此外，学界还讨论了唯科学主义的影
响及在现代化的过程中科学主义和人文主义的冲突与交融。

　　学界对五四运动以前科学主义在中国传播的解读主要呈现出三个
特点。其一，从时间跨度来看，学界对科学主义在中国传播历程的研
究主要集中在明清到中华人民共和国成立这段时间，讨论重点则在五
四运动前后，特别是"科玄论战"。其二，从研究对象来看，一方
面，学界的关注点主要集中在科学主义本身在中国的形成和演变以及
科学主义在中国发展的内在文化根源；另一方面则主要集中于讨论不

---

① 转引自余忠剑《科学主义与第一次世界大战的爆发》，《理论月刊》2013 年第 7 期，第
44 页。

② 具体参见范岱年《唯科学主义在中国历史的回顾与批判》，《科学文化评论》2005 年第
6 期，第 27 页。

③ 段治文：《中国近代唯科学主义思潮新论》，《天津社会科学》1997 年第 2 期，第 53 页。

同时期知识阶层对科学主义的传播和解读，如洋务派与科学主义、维新派与科学主义，或者梁启超、严复等学者与科学主义，较少探讨清末民初之际科学主义对下层民众的启蒙作用。其三，从研究内容来看，学界更多的是关注科学主义本身，而较少涉及科学主义思潮的主要内容。

（二）关于唯物史观在中国的早期传播

唯物史观在中国的传播是学界关注的热点，已经形成了丰富的研究成果，相关研究重点主要集中在五四运动前后。

第一，关于唯物史观传播的原因，首先是受到环境的影响。从当时的国际环境来看，一战的爆发与巴黎和会上中国的外交失败使国人普遍从"公理战胜强权"的迷梦中清醒过来，丢掉了对帝国主义的幻想，重新探寻"中国向何处去"的出路。而俄国十月革命的胜利以及苏俄劳农政府发布的友好对华宣言传入国内，使国人对马克思主义、唯物史观产生了极大的好感。从当时的国内环境来看，鸦片战争后中国面临内忧外患是唯物史观首先被选择的时代背景。在这样的国内外环境下，国人认识到除了资本主义之路外，还存在一条社会主义大道。一些学者认为，除了国内外的背景因素外，早期唯物史观传播的原因还有以下几点：一是早期马克思主义在中国的译介为唯物史观的传播创造了思想条件。伴随马克思主义在中国的译介，唯物史观在五四运动前后成为中国先进分子重点译介和研究的内容。二是唯物史观作为一种先进文化适应了近代中国史学领域范式更新的需求。三是唯物史观的理论品质及其与中国传统文化的契合性是中国先进分子选择它的深层原因。①

第二，关于唯物史观早期传播的渠道和内容。学者认为早期唯物

---

① 蔺淑英：《"五四"前后中国先进分子选择唯物史观探源》，《中共党史研究》2009年第11期，第75页。

史观主要是经由日本传入中国的。李泽厚曾指出，中国的马克思主义
与俄国不同，"中国没有俄国那种'合法的马克思主义'，《资本论》
等马、恩、列的好些基本理论著作长期以来并无中译本"，早期马克
思主义者"当时并没有读过许多马、列的书，他们所知道的，大都
是从日本人写作和翻译的一些小册子中所介绍、解说的马克思主义和
列宁主义"。① 冯天瑜、赵利栋认为，国人此时的唯物史观认识主要
来自日本的马克思主义者，特别是河上肇，亦受到一些欧洲学者如塞
利格曼、郭泰、伯恩斯坦等的影响。② 因此，当时知识界对唯物史观
的理解主要体现在三个方面：一是将唯物史观视为经济史观或"经
济决定论"。"对于经济因素的极端强调，无疑是早期唯物史观宣传
中的一个重要特征。"③ 二是以进化论诠释唯物史观。德里克认为，
唯物史观呈现为建基于经济变革的进化论的一种理论变体。唯物史观
被理解为经济的进化论。④ 三是将阶级斗争视为唯物史观的核心内
容。⑤ 总体上，当时的主要学者都不约而同地将唯物史观视为马克思
主义的核心内容。⑥

---

① 李泽厚：《中国现代思想史论》，生活·读书·新知三联书店，2008，第151页。
② 赵利栋：《20世纪20年代马克思主义历史理论传播中的唯物史观述略》，载中国社会科学院近代史研究所编《中国社会科学院近代史研究所青年学术论坛（1999年卷）》，社会科学文献出版社，2000，第189~214页；冯天瑜：《唯物史观在中国的早期传播及其遭遇》，《中国社会科学》2008年第1期，第50页。
③ 赵利栋：《20世纪20年代马克思主义历史理论传播中的唯物史观述略》，载中国社会科学院近代史研究所编《中国社会科学院近代史研究所青年学术论坛（1999年卷）》，社会科学文献出版社，2000，第197页。
④ 〔美〕阿里夫·德里克：《革命与历史：中国马克思主义历史学的起源（1919~1937）》，翁贺凯译，江苏人民出版社，2005，第29页。
⑤ 冯天瑜：《唯物史观在中国的早期传播及其遭遇》，《中国社会科学》2008年第1期，第50页。
⑥ 何爱国、颜英：《唯物史观初入中国时期的诠释特点及其对史学发展的影响——以〈新青年〉为中心的考察》，载陈勇主编《民国史家与史学——民国史家与史学国际学术研讨会论文集1912~1949》，上海大学出版社，2014，第68页。

　　第三，关于近代先进分子与唯物史观的传播和解读。这方面研究主要集中在两个群体。第一个群体是早期的马克思主义者，如李大钊、陈独秀、蔡和森、李达、瞿秋白、郭沫若等；第二个群体是早期的国民党人。国民党人在唯物史观的兴起和演变过程中也扮演过重要角色，其代表人物包括朱执信、胡汉民、戴季陶、徐苏中等。研究内容主要集中于这些先进分子对唯物史观的解读和先进分子由民主主义者向马克思主义者的政治立场的转变。在传播唯物史观的早期马克思主义者中，对李大钊的研究颇多，主要从李大钊对唯物史观的解读、李大钊传播唯物史观的内容、李大钊的群众观以及李大钊对马克思主义中国化的贡献等方面展开。对陈独秀与唯物史观的研究则主要集中在他对唯物史观内容的解读，陈独秀的唯物史观思想与李大钊、蔡和森等的关系等方面。对于李达的研究，学界一致认为李达为唯物史观在近代中国的传播做出了重要贡献，其《现代社会学》一书系统地介绍了唯物史观，被学界视为唯物史观中国化的标志性成果。① 此外，学界对于蔡和森、瞿秋白、郭沫若与唯物史观的关系也有一定的研究，主要体现在他们传播唯物史观的内容和贡献等方面。对于国民党人对唯物史观的传播，学界主要探讨了早期国民党人与唯物史观传播的关系，国民党人传播马克思主义的原因、内容和影响等方面。

　　（三）科学主义与唯物史观在中国早期传播的关系

　　学界关于这一主题的研究主要集中在两个方面。首先，关于科学思潮与马克思主义传播。段治文认为，中国近代科学主义思潮对马克思主义在中国的传播及中国化产生了深刻的影响。科学主义思潮对马克思主义传播及其中国化影响的内在机理即科学主义为马克思主义传播奠定了新知识、新思维和新范式基础。第一，科学主义推动形成了

---

① 汪信砚：《马克思主义哲学在中国的传播与马克思主义哲学中国化》，《马克思主义研究》2013 年第 8 期，第 22 页。

现代知识认知体系，为马克思主义传播奠定了新知识基础。科学教育的形成、科学方法的宣传和进化论的引进使西方科技的知识体系在中国初步确立。第二，科学主义推动形成了新的科学思维框架，为马克思主义在中国传播奠定了新思维基础。第三，科学主义为马克思主义传播奠定了新范式基础。① 一是科学主义的启蒙功能为马克思主义中国化提供了观念环境；二是科学主义由技进而道的价值重建，成为马克思主义中国化的理论先导；三是科学主义与救亡图存结合，凸显了马克思主义中国化的价值追求。② 李向勇认为，科学主义思潮为马克思主义的传播提供了思想上和组织上的条件，并使这种传播带有科学主义倾向。③ 龙观华、李小萍指出，科学主义对于马克思主义在中国的传播起到了直接的推动作用，其中有两个时期的推动作用是比较明显的：一是维新时期的科学启蒙思想家对社会主义学说的介绍；二是五四运动时期的中国马克思主义者借用"科学"旗帜来宣传唯物史观。④

其次，关于进化论与唯物史观的关系研究。学者的观点主要体现在三个方面。第一，进化论是唯物史观在中国迅速传播并最终取得主导地位的"前站式"理论中介或一种"前理解"。有的学者认为，在近代中国，唯物史观解读范式在取得主导地位之前，曾一度被视为另一种更高级的进化史观而广为传播。因为进化论既脱胎于传统变易史观，又成功突破了这种史观的局限，成为中国人迅速接受唯物史观的

① 段治文：《近代科学主义思潮对马克思主义传播及中国化的影响》，《嘉兴学院学报》2018 年第 4 期，第 68 页。
② 李宝艳、林婷婷：《科学主义对早期马克思主义中国化的影响及当代反思》，《福建农林大学学报》（哲学社会科学版）2017 年第 4 期，第 93 页。
③ 李向勇：《论科学主义思潮对马克思主义传播的影响》，《探索》2002 年第 2 期，第 64 页。
④ 龙观华、李小萍：《近代科学主义思潮与马克思主义在中国的传播》，《江西社会科学》2012 年第 3 期，第 36 页。

重要前提和基础。① 有的学者认为社会进化论是马克思主义哲学在中国传播的第一个理论形态，在马克思主义哲学发展的早期阶段，存在马克思主义哲学的进化论解释范式。② 还有学者指出，社会进化论在中国传播和发展过程中逐渐产生了一系列唯物的成分，有突破自身内在矛盾的迹象，因而即使没有俄国的唯物史观传入中国，中国社会也会产生自己的唯物史观。③ 第二，进化论与唯物史观具有一致性。张立波认为，在中国最早介绍马克思唯物史观内容的是渊泉（即陈溥贤）所译《马克思的唯物史观》，在这篇文章中，马克思的研究被归纳为社会的变迁也就是社会组织的变迁，马克思的历史观也就可以称为"社会组织进化论"。④ 余建军从两个方面分析了进化论与唯物史观之间的一致性。一是内在逻辑同构性。进化论发展到赫胥黎已经由一元的决定论变成了二元论即决定论与能动论共存。而早期马克思主义者也充分强调人的能动性的作用。二是内在理论共通性，主要指进步的世界观和历史观、竞争的观念、平等主义的理想世界、特别强调人的主观能动性以及革命的观念和行动方式。⑤ 第三，进化论是早期先进分子转变为马克思主义者的桥梁，主要体现在李大钊、陈独秀、瞿秋白、毛泽东等早期马克思主义者的思想转变中。以李大钊和陈独秀为例，进化论是李大钊转向唯物史观的桥梁，主要体现在，李大钊认为自然与社会都有不可抗拒的"进化之理"，进化是在无限与有限

① 李文远：《中国近代进化史观研究》，博士学位论文，黑龙江大学，2011，第2页。
② 单继刚：《社会进化论——马克思主义哲学在中国的第一个理论形态》，《哲学研究》2008年第8期，第3页。
③ 李坚：《论近代中国进化史观向唯物史观的演进》，《北方论丛》1994年第2期，第34页。
④ 张立波：《唯物史观的中国初貌：依据、内容和特征》，《江海学刊》2010年第4期，第32页。
⑤ 余建军：《从进化论到唯物史观——中国马克思主义哲学起源史研究》，博士学位论文，南开大学，2014，第281~289页。

的对立统一中实现的，进化的过程即新陈代谢的过程；进化论也是陈独秀转向唯物史观的契机，因为陈独秀认为自然与社会"无日不在演进之途"，万物生存进化的关键在于"抵抗力"的有无强弱。[①]

虽然学界对于唯物史观和科学主义两个方面的研究已经非常成熟，一些学者也注意到科学主义对于唯物史观早期传播的促进作用。但在具体的研究方面，还有一些值得深挖的问题。第一，关于中国先进分子选择和接受唯物史观的原因，除了需要从马克思主义传播史的角度开展研究外，还需要进一步从唯物史观早期传播者思想发展和转变的层面进行研究，即从思想史的角度出发探索中国先进分子选择和接受唯物史观的原因。第二，对于科学主义中的哪些内容促进了唯物史观的早期传播问题，已有研究虽然已经注意到进化论与唯物史观早期传播之间的关系，指出了社会进化论对于唯物史观早期传播的促进作用，但忽略了科学思潮中其他理念对于唯物史观被接受的影响。第三，对于科学主义理念促进了唯物史观哪些内容的传播问题，虽然已有研究阐释了科学主义对马克思主义传播的推动作用，但不同的科学主义理念对唯物史观早期传播内容具有不同的影响，在这方面的研究尚不深入。第四，早期科学主义与唯物史观之间的关系，即唯物史观与科学主义合二为一后对当时中国社会和青年群体的影响尚没有深入而系统的说明。以上问题正是本书力图阐明的。

二　本书的研究思路与方法

本书从科学主义理念与唯物史观相结合的视角出发，考察晚清以降科学主义思潮对于唯物史观被中国先进分子所选择并接受的促进作

[①]　参见吕希晨、何敬文主编《中国现代唯物史观史》，天津人民出版社，2003，第33~36、62~64页。

用，以及唯物史观科学化后对中国社会和青年产生的影响。

第一章主要考察清末在新式教育和大众传播媒介的推动下，科学主义思潮在中国社会的传播状况。总体而言，这一时期科学主义思想的传播初步普及了科学常识，培养了一批新的知识群体，为新文化运动及唯物史观的早期传播奠定了社会基础。

第二章主要分析科学主义理念中的唯物主义理念对中国先进分子接受唯物史观中的"经济决定论"的促进作用。唯物主义理念是马克思与恩格斯创立唯物史观的理想来源，也是中国先进分子接受唯物史观的理论基础。对于中国先进分子来说，唯物史观指出了人类社会发展中经济基础的决定作用，是彻底的唯物主义一元论。

第三章主要阐释科学主义理念中的进化主义理念对于中国先进分子接受唯物史观的社会进化论的中介和桥梁作用。社会进化论改变了中国自古以来的循环史观和退化史观，使中国先进分子开始接受线性进步的历史观。以进步史观为基础的唯物史观在传播之初是以"进化论"身份传入中国的，不仅说明了社会的进步性，而且指明了社会进步的动因、主体和方向，是更"彻底"的进化论，因而受到中国先进分子的追捧。

第四章主要考察科学主义理念中的实用主义理念对于中国先进分子接受唯物史观中的阶级斗争理论的中介和桥梁作用。实用理性是中国知识分子自古以来所秉持的理念，这一理念经过西方实用主义的传播进一步科学化，经历过空想社会主义失败的早期马克思主义者深刻认识到阶级斗争理论的实用性，纷纷投身阶级革命的实践来改造中国社会。

第五章主要研究通过科学主义理念的桥梁和中介作用，接受了唯物史观的早期马克思主义者将科学主义与唯物史观结合起来，使唯物史观成为新的"科学"，并运用这一理论指引青年树立正确的人生观。

总体来看，科学主义是中国先进分子选择和接受唯物史观的重要桥梁和中介，通过这一桥梁最终接受唯物史观的早期马克思主义者又将唯物史观"科学化"，并运用这一理论引导青年投身革命实践，改造中国社会。

本书主要采用的是文献研究法。首先，借助晚清民国的报刊数据库及民国图书数据库，梳理民初及五四运动时期的报刊和教科书中的科学思想，展现科学主义思潮在当时产生的社会影响；其次，基于唯物史观早期传播者的论著，梳理他们思想的发展和转变过程，进而阐释科学主义理念对于他们接受唯物史观所起到的具体作用；最后，通过研究"科玄论战"时期各方的论著，分析和揭示唯物史观派参与论战后产生的影响。

从研究视角来说，本书力图突破传统的唯物史观传播史角度，从思想史角度出发，阐释科学主义理念中的唯物主义、进化主义和实用主义对于中国先进分子选择并接受唯物史观的促进作用。从研究内容来说，本书尝试将科学主义与唯物史观早期传播过程中中国先进分子"初释"唯物史观的不同内容联系起来，阐释不同的科学理念与唯物史观早期传播过程中的不同内容之间的相互关系，以期展现中国先进分子选择唯物史观的思想机制。从研究主线来说，本书以科学主义理念对中国先进分子选择并接受唯物史观的促进作用为主线，不仅考察了科学主义中具体的唯物主义、进化主义和实用主义对唯物史观被接受的影响，而且阐释了早期科学主义思潮的传播概况及其对中国先进分子选择唯物史观的思想基础作用。既从宏观上展现科学主义思潮的影响，又从微观上讨论具体的促进关系，力图更加系统、全面地展现中国先进分子选择唯物史观的思想动因。总之，本书基于以上几个方面，试图实现一定的创新，以助益学界研究。

第一章
科学主义在中国的早期传播

晚清以降，伴随着西学东渐的浪潮，科学主义思潮大规模涌入国内，成为中国先进分子开启民智的重要工具。在众多的科学传播渠道中，新式教育和报刊成为传播科学思想的主力军。通过学校教育和大众传播媒介的双重普及，至新文化运动时期，无论是普通民众还是知识分子、学生，都成为拥有一定科学常识的"新民"，他们不仅成为新文化运动的主力军，而且先进分子更是成为唯物史观早期传播的先锋力量。

第一节　新式教育的科学启蒙

清末民初，在西学东渐潮流下，科举制度逐渐落幕。随着新学制的颁布，以新式学堂为基础的新式教育开始在中国落地生根。与传统教育不同，新式教育在学科设置、教学内容以及影响范围等方面成为近代科学理性传播的重要载体。

一　新学制与新式学堂

1901 年清政府实行新政，推行教育改革。1902 年颁布的"壬寅学制"（《钦定学堂章程》）是中国第一个比较系统的法定学制。该学制为7级，在正规学制之外还设有专门学堂，如与中学堂并行的中等实业学堂和师范学堂，与高等学堂并行的专门实业学堂、仕学馆和师范馆。该学制在颁布后并没有实施。时隔两年，清政府又颁布了"癸卯学制"（《奏定学堂章程》），这是近代中国实施的第一个学制。"癸卯学制"将学校教育体系分为初等教育、中等教育和高等教育三阶段，三阶段又分为7级：初等教育有蒙养院（4年）、初等小学堂（5年）、高等小学堂（4年），中等教育有中学堂（5年），高等教育有高等学堂（3年）、分科大学堂（3~4年）、通儒院（5年），还有与中等教育同级的实业学堂和师范学堂。在课程设置上，"癸卯学制"规定：初等小学堂和高等小学堂均开设的课程主要有算数、历史、地理、格致、体操等8门。中学堂课程有修身、读经讲经、中国文学、外国语、历史、地理、算学、博物、物理及化学、法制及理财、图画、体操12门。①算术、格致等科学类课程成为各级学堂的必修课。以胡适在上海澄衷蒙学堂的课程表为例（见表1），可以看出物理、算数等自然科学课程已经成为教学内容的重要组成部分，英语课程也占了很大的比重。新学制颁布并实施后，取消科举制度被提上日程。1905年，光绪帝颁布上谕正式宣布废除科举考试。没有了科举制度，传统的教育和培养人才模式逐渐消失，新的人才在新的教育体系下接受教育。

表1　胡适上海澄衷蒙学堂课程表（1906）

六	五	四	三	二	一	星期＼时	月日来复
算术	算术	算术	算术	算术	算术	第一	
读文	体操	作文	体操	读文	体操	第二	
物理	地理	作文	物理	地理	伦理	第三	

① 朱有瓛主编《中国近代学制史料》第2辑上册，华东师范大学出版社，1983，第174~189页。

续表

六	五	四	三	二	一	星期＼时	月日来复
历史	历史	历史	习字	历史	历史	第四	
英文 历史	英文 读本	英文 文法	唱歌	英文 读本	英文 读本	第五	
英文 作文	英文 地理	英文 默书	英文 历史	英文 地理	英文 文法	第六	
英文 作文	英文 演说	图画	英文 作句	英文 默书	图画	第七	

资料来源：吴小鸥：《文化拯救：近现代名人与教科书》，商务印书馆，2015，第329页。

在一系列教育政策措施的刺激下，从中央到地方，从官府到民间，从沿海到内地，完整的教育行政体系逐渐建立和发展。1905年科举制正式废除后，新式学堂的学生数量随之激增。据桑兵统计，新式学堂从1904年的4222所增加到1909年的52348所，增加了11倍；学生人数由1905年前的258873人增加到1909年的1638844人。① 到1912年，新式学堂在校人数高达300万人。② 王笛也对此做过统计：1905年全国仅有新式学堂8277所，到1906年就达到23862所，1909年全国新式学堂总数达52348所，学生人数为1560270人，其中高等教育阶段学生20648人，含大学堂、高等学堂、专门学堂三类。③ 周策纵认为，1912～1917年，中国大约有550万名在校学生或已毕业学生，五四运动开始时，受过新式教育影响的人数达1000万人。④

① 桑兵：《晚清学堂学生与社会变迁》，稻禾出版社，1991，第156～158页。
② 金观涛、刘青峰：《开放中的变迁——再论中国社会超稳定结构》，法律出版社，2011，第128～129页。
③ 王笛：《清末新政与近代学堂的兴起》，《近代史研究》1987年第3期，第254页。
④ 〔美〕周策纵：《五四运动——现代中国的革命思想》，周子平等译，江苏人民出版社，1996，第518页。

二 教科书

19 世纪中叶后，中国门户大开，西方人特别是传教士进入中国，成为西学传播的主角。从现有资料来看，中国最早的现代意义上的教科书就起源于教会学校。[①] 与此同时，洋务派也开始创办学堂，建立译书机构来译介西方的教科书[②]。虽然这一时期通过传教士和开明知识分子的传播，西学已经进入仁人志士和知识精英的视野，成为他们救亡图存的新工具，但其影响十分有限。一方面，西学的传播始终局限在上层社会或少数知识精英，传播范围也仅限于北京、上海等大城市，并未扩展到广大民众及中国腹地。以康有为、谭嗣同为例，两人虽为维新运动的领导者，但康有为在 1882 年停留上海期间才接触到西方的科学著作，谭嗣同 1893 年在北京才第一次接触西方人，并在前往上海时购买了科学译作。[③] 另一方面，从西学图书的销售情况也可以看出当时这类图书的社会影响。据傅兰雅统计，自 1871 年以来，江南制造局出版了 98 种译作共 235 卷，但到 1880 年，只售出了 31111 部书，出售情况不好。比如，《克虏伯炮说》（1872）在 9 年时间里只售出 904 部，《防海新论》（1871）在 9 年时间里售出 111 部，《运规约旨》（1871）在 8 年时间里只售出 1000 部，《代数学》（1873）在 7 年时间里只售出 781 部，《开煤要法》（1871）在 9 年时

---

① 更详细内容参见熊月之《西学东渐与晚清社会》，上海人民出版社，1994，第 285 页。

② 其中有组织的翻译机构主要是京师同文馆和江南制造总局译书馆。据统计，京师同文馆在当时译有 35 种图书，其中法律 7 种、天文学 2 种、物理数学类 6 种、化学 3 种、语言学 5 种、医学 2 种、历史学 2 种、经济学 2 种、游记等 6 种。京师同文馆和其他新式学堂将这些图书作为教科书。1868~1880 年江南制造总局的翻译官翻译刊印西书 98 种 235 部，译成未刊西书 45 种 142 部，销售 31111 部，共计 83454 部。具体参见苏精《清季同文馆及其师生》，台北：上海印刷厂，1985，第 158~161 页；熊月之《西学东渐与晚清社会》，上海人民出版社，1994，第 496 页。

③ 〔美〕本杰明·艾尔曼：《中国近代科学的文化史》，王红霞等译，上海古籍出版社，2009，第 182 页。

间里只售出 840 部。① 可见这一时期的科学理性启蒙范围还十分有限。

甲午战争中，中国惨败，民族危机空前，知识阶层开始注意到开启普通民众智识的重要性，教育改革成为新的救国出路。大量新式学堂、学会、教科书及白话报刊激增，"学"取代"技"成为当时知识界的新论域。随着学校教育的蓬勃发展，新式教科书无论在数量上还是在影响力上都获得了空前的发展。科学启蒙运动也真正开始从知识精英走向广大民众。教科书发行量在全国范围内激增②，在众多教科书中，最具有代表性的是文明书局③的《蒙学科学全书》系列和商务印书馆的"最新教科书"系列。其中，文明书局的《蒙学科学全书》是中国最早的一套按现代科学门类分科的教科书。④ 根据《蒙学卫生教科书》广告页的"蒙学科学全书已出种数"，到 1905 年，这套书已经出版 25 种，共 37 部。⑤ 商务印书馆 1904 年出版的"最新教科书"系列则是中国第一套现代意义上的教科书。⑥ 商务印书馆创办于1897 年，其最早出版的英文教科书《华英初阶》就深受读者喜爱。在

---

① 傅兰雅：《江南制造局翻译西书事略》，载张静庐辑注《中国近代出版史料初编》，中华书局，1957，第 21~25 页。

② 1903 年文明书局出版的《蒙学中国历史教科书》下册至 1908 年已出版 38 版；《蒙学中国地理教科书》1903 年出版初版，至 1908 年已出版至 27 版；商务印书馆的《共和国教科书新国文：初等小学》1912 年 6 月出版初版，1913 年 2 月已出版至 46 版，1922 年 2月达 1931 版，1926 年 7 月达 2358 版。《共和国教科书新国文》出版后一印再印，10 年间销售了 7000 万~8000 万册。具体参见石鸥、吴小鸥《清末民初教科书的科学启蒙》，《高等教育研究》2012 年第 11 期，第 85 页。

③ 文明书局创办于 1902 年，其创办者俞复、丁宝书等人曾经是无锡三等公学堂的教员，为适应新式教育的发展，他们在文明书局成立之初便着手出版了 7 册《蒙学读本全书》，这套书受到社会的普遍欢迎。随后，他们又推出了《蒙学科学全书》，包括文法、中国历史、东（西）洋历史、中（外）国地理、笔算、珠算、天文、地文、地质、植物、动物、格致、化学、卫生、体操等。具体参见吴小鸥《清末民初教科书的启蒙诉求》，博士学位论文，湖南师范大学，2009。

④ 石鸥、吴小鸥：《清末民初教科书的科学启蒙》，《高等教育研究》2012 年第 11 期，第 85 页。

⑤ 丁福保：《蒙学卫生教科书》，文明书局，1905，封面第 3 页。

⑥ 石鸥、吴小鸥：《清末民初教科书的科学启蒙》，《高等教育研究》2012 年第 11 期，第 85 页。

清末教育改革的刺激下，加之张元济、蔡元培的加入，商务印书馆开始将出版教科书作为中心业务，并于 1904 年率先推出了《最新国文教科书》，此后又陆续出版了从小学至中学的"最新教科书"系列①。

这两种教科书之所以具有代表性，原因有三。其一，两种教科书无论在形式上还是在内容上都已经渐趋完备。商务印书馆的"最新教科书"系列和文明书局的《蒙学科学全书》系列在形式上均取消了传统的"五经""七艺"等分类方法，采取现代学科分类标准，学科较为全面，同时囊括各级学制；在内容上，均摒弃了传统的纲常礼教，教授学生现代科学知识。其二，两种教科书一经出版发行，就获得了巨大的反响，在当时影响深远。《蒙学科学全书》发行后，在初等教育界盛行一时，"最新教科书"系列"从 1904 年一直发行到 1911 年底，发行量占全国课本份额的 80%"②，其中《最新国文教科书》第一册刚出版不到两周就销售 5000 余册，未及数月，行销 10 余万册③。1906 年清学部第一次审定的 102 册小学教科书中，文明书局出版的教科书有 30 册，占总数的 29.4%；商务印书馆出版的教科书有 54 种，占总数的 52.9%。其三，两种教科书的编撰队伍成员都是新式教育的参与者或受益者。他们中的大多数人开办过新式学堂或任教于新式学堂或编译过西学图书或有留学背景。例如，文明书局的张相文曾在上海南洋公学、北京大学、辅

① 该教科书系列科目众多，据《最新初等小学修身教科书》第二册（光绪三十三年孟夏十三版）的广告页登载，到 1907 年夏已出版：初等小学堂用教科书 16 种 54 册，包括修身教科书 10 册，国文教科书 10 册，还有珠算、笔算、历史等分科教科书；各科"教授法"图书 5 种 27 册，包括修身教科书教授法 10 册、国文教科书教授法 8 册；高等小学堂用教科书 19 种 41 册，包括中国历史、西洋历史等，"教授法及教员用书" 3 种 10 册；中学堂用教科书 40 种 54 册。

② 商务印书馆：《编辑初等高等小学堂国文教科书缘起和编辑大意》，宋原放主编、汪家熔辑注《中国出版史料（近代部分）》第 2 卷，湖北教育出版社，2004，第 533 页。

③ 王建军：《中国近代教科书发展研究》，广东教育出版社，1996，第 113、130、111 页。

仁大学等校任教，丁福保曾在京师大学堂译书馆任教习，秦瑞玠曾留学日本；商务印书馆教科书的一些编纂者更是知名学者，如蔡元培、张元济、蒋维乔、杜亚泉、高梦旦等，他们以"扶助教育为己任"，常常围坐在圆桌旁，讨论教科书的编写事宜，据蒋维乔回忆："当时之圆桌回忆，惟在《最新初小国文》着手之时讨论最详悉。第一、二册几乎每撰一课，皆讨论至无异义方定稿。至三、四册以后，则由各人依据原则自行起草，草成之后，再付讨论；亦有由一二人先行讨论者。儿时不乏有趣味之资料，如余编及某课时，用一'釜'字，而高梦旦必欲改为'鼎'字。余曰：'鼎字太古，不普通，不可用。'高曰：'鼎字乃日常所用之字，何谓不普通？'余曰：'釜字如何不是日常所用之字？'于是二人大争，至于声色俱厉。及后细细分辨，方知闽语呼'釜'为'鼎'，而不呼为'釜'也。相与抚掌大笑。"①这些学者以他们广博的知识和使命感造就了一代经典教科书，为中国现代教科书的发展做出了重要贡献。

三 教科书中的科学启蒙内容

第一，朴素的唯物主义。大多数教科书试图破除迷信和习俗相传的谬说，宣传朴素的唯物主义思想。宣传该类思想的教科书主要是理科教科书。以谢洪赉编写的高等小学用书《最新理科教科书》和初等小学堂学生用书《蒙学格致教科书》为例，高等小学用书《最新理科教科书》全书共有四册，第一、二册以"动植矿物地文为主"，第三、四册以物理、化学、生理、卫生为主，为中学的进

---

① 《商务印书馆九十年》，商务印书馆，1987，第55~62页。

一步学习打基础。① 谢洪赉认为："理科所讲习者，即动植矿等之自然物，光热磁电等之自然现象。其所以应用之道，皆不可不研究之，以求大有裨益于人生也。"②《蒙学格致教科书》共八章，其中总论主要讲授"物质"，其余各章分别讲授重学、声学、光学、热学、磁学、电学、气象学。谢洪赉指出，理科的任务是"探统纪万象之秩序，考察自然之妙用以施之于实事焉"。③ 诸如此类的理科教科书为学生摈弃唯心主义世界观，确立唯物主义世界观奠定了基础。

第二，进化论思想，主要体现在人文或历史教科书中。总体而言，中学历史教科书中的科学思想主要体现在进化论对中国传统历史叙述方式的影响，具体表现为三个方面。其一，开始尝试揭示历史发展过程中的因果关系。例如，夏曾佑在中学教科书《中国历史》第二册中指出：

① 第一册目次为梅、菜、蝴蝶、豌豆、麦、花与虫及风的关系、植物之部分、蚕、蜜蜂、桑、蜘蛛、虾蟹、稻、芋（洋薯）、百合、瓜、蚊、蜻蜓、莲、燕、蝉、靛、木棉、麻、林木、牛、马、绵羊、豕、猫、犬、鼠、鲸、哺乳类、风、水、水之变化一、水之变化二、沙土、岩石；第二册目次为种子、芽、种子之发芽、植物之成长、松、竹、果实、种子、蛙、蛇、鲤、茶叶、鸦片、玉蜀黍、甘蔗、蝙蝠、绦虫、墨鱼、蜗牛、蛤、珊瑚、海绒、下等动物、凤尾草、海带、菌、细菌、鸡、鸭、雀、鸢、鹰、动植物之异同、火山、地震、温泉、地球、四季、昼夜、金银、铁、铜、铅、锡、白铅、盐、石英、长石、陶土、煤、煤油、笔铅、金刚石、动植矿物之利用；第三册主要是物理知识和生理知识，目录依次为力、秤、杠杆、滑车、劈、重心、坠体、质阻、合力、抵力、摆、器械、磨阻、引热体、不引热体、物之涨缩、环传、寒暑表、物之三态、沸、蒸、隐热、汽机、燃烧、空气之成分、养气、水之成分、轻气、物之变化、炭强气、燃料、火焰、热与化合：炭于动植物间之循环、呼吸与血之循环：肺、呼吸与血之循环：心、皮肤、肾、火柴、硫磺、硝、银矾、照相术、盐酸、绿气、灰、碱、肥皂、盐类、石灰、玻璃、磁石、磨电；第四册目次为流水、静水、物之浮沉、滤净、溶解、吸收、弥散、渗透、空气、风雨表、抽气筒、水龙、音、回音、音之性质、光、镜、返光、折光、物体之色、虹、凸镜、光学诸器、光与音之比较、太阳、日月蚀、潮汐、电溜功用一、电溜功用二、有机物、食物一、食物二、酒、醋、酱、发酵、腐败物质之循环、防腐、消毒、食物之消化、身体之结构、骨、肉、脑系、目、耳、鼻、舌、胃、卫生一、卫生二、卫生三、人与自然界之关系、势力保存、物质不灭、进化论大意、晚近科学之进步。
② 谢洪赉：《最新理科教科书》第4册，商务印书馆，1904。
③ 谢洪赉：《最新理科教科书》第4册，商务印书馆，1904。

"本编亦尊今文学者，惟其命意与国朝诸经师稍异，凡经义之变迁，皆以历史因果之理解之，不专在讲经也。"其二，开始采用章节体叙事，效仿西方，以时间为线索将历史划分为不同的时期。中国传统的史学著作主要采用编年体、纪传体和纪事末体三大类，其中纪传体不仅数量多，而且最为重要，司马迁采用纪传体撰写《史记》为开端，其后的中国正史在编纂方法上大都采用包括本纪、列传、表、志等在内的纪传体。自近代以来，在西方及日本史学著作的影响下，一部分致力于重新编纂、撰写中国通史或教科书的史学家开始摈弃纪传体等传统的历史编纂方法，采用章节体作为新的史学著作体裁，如陈庆年的《中国历史教科书》（1903~1904）、夏曾佑的中学教科书《中国历史》（1904~1906）、刘师培的《中国历史教科书》（1904）等。以夏曾佑的《中国历史》第一册为例，在第一章第四节"古今世变之大概"中，将中国历史分为上古之世、中古之世和近古之世三大期："自草昧以至周末，为上古之世；自秦至唐，为中古之世；自宋至今，为近古之世。"三大期内的各个时期，"与世运密合"，还可以进一步划分：上古时期可分为"传疑期"和"化成期"两个时期；中古时期，由秦至三国为"极盛之期"，由晋至隋为"中衰之期"，唐室一代"为复盛之期"；近古之世可分为两期，"五季、宋、元、明"为退化之期，"清代二百六十一年"为更化之期。[①] 其三，从进化论出发解释历史史实及自然现象。例如，《中国历史》教科书第一册第一章第一节"人类之始"中写道，"古言人类之始者为宗教家，今言人类之始者为生物学家"。《最新理科教科书》第四册第三十九课"进化论大意"简要介绍了动植物分类和演化、人工淘汰、自然竞争等现象，指出进化论"创始于生物学家，而地质学家赞成之，故证据确凿，理论精当，今之学者，无不翕然信服矣"。[②]《蒙学动物教科

---

① 夏曾佑：《中国古代史》，上海人民出版社，2014，第6~7页。
② 谢洪赉：《最新理科教科书》第4册，商务印书馆，1904。

书》专门介绍了"动物之进化"过程:"统动物界而论之,自猿猴迄于放散虫,其间阶级悬殊,构造之繁简,种属之贵贱,不可同日而语矣。然溯乎生物之起原,则凡有机物,动植日无分二致,矧同此有知觉而能运动者,孰非分体于一本。但是云初递衍,外界时更,上者已变化于不等,下者尚遗传其初祖。即其过去,以验方来,今日之动物界,必非其进化之极至地耳。"① 在进化论思想的影响下,中国传统的循环史观及退化史观受到冲击,线性进步的历史观开始为时人所接受。

第三,西方现代政治、经济知识。除了自然科学外,一些西方社会"科学"知识也开始成为教科书的重要内容,主要涉及三个方面。其一,民主政治思想。普通民众的民主政治启蒙是教科书承担的一项重要任务。鸦片战争后,中国的先进分子开始接触并宣传西方的民主制度,如魏源在《海国图志》中介绍了美国的民主政治制度,徐继畬在《瀛寰志略》中对西方的议会民主制、分权制和选举制大加赞赏,但民主政治思想的传播范围有限。随着新式教育扩展,教科书开始介绍西方民主政治并逐渐系统化。例如,上海澄衷蒙学堂使用的 1901 年版《字课图说》中就介绍了西方国家的一些情况和民主政治概念。比如,《字课图说》中对"瑞"的解释为:"瑞士亦日耳曼之族也……其政亦从民主。"② 此后,在日本的影响下,商务印书馆的《西洋历史教科书》、文明书局的《高等小学西洋历史教科书》等教科书开始系统介绍西方的民主政治。③ 其二,自由、平等思想。教科书发展的早

① 华循:《蒙学动物教科书》,文明书局,1908,第 42 页。
② 《字课图说》卷 1,鸿宝书局,1901,第 40 页。
③ 例如,1902 年,作新社译书局编译的《万国历史》第三卷近世史中国部分就分别介绍了"新学等发明及学艺隆盛时代"、"宗教改革时代"、"诸大国之勃兴及其强国"、"法兰西革命"及"近世史",其中"近世史"部分迄至日本明治维新。民国初年,教科书中讲述西方现代民主制度更加系统化,小学教科书中就出现了《国体与政体》《司法与行政》《有关宪法之事》《遵守国宪》《尊重国会》等内容。

期，虽然受限于清政府教育宗旨，但书中已经开始出现性别、民族、职业等方面有关平等的内容。例如，高等小学校学生用《共和国教科书新修身》第二册有"自由"一课，初等小学秋季始业教员用《共和国教科书新修身教授法》第八册有"自由"和"平等"两课，指出自由"天赋"，具体包括财产、言论、出版、集会、结社等内容；任何人都不能在非法的状态下侵犯他人的各项自由权利。平等不仅是身份、地位的平等，还包括性别、年龄等各个方面。其三，文明生活思想。关于文明生活方式，教科书不仅用大量篇幅教授学生卫生知识，而且致力于革除传统陋习。在"修身"系列教科书中，有很多关于生活卫生知识的课文，其中《高等学校卫生教科书》在宣传广告中更是直接将国民学习卫生知识的重要性上升为"保种强种"的高度："凡有保种之责，而知亡国之忧者，盖令青年子弟日肆习之。"[1] 很多教科书中有涉及革除封建社会遗留的缠足、赌博、吸食鸦片等陋习的课文，如《缠足之害》《戒酗酒》《戒吸烟》《戒赌博》等课文。除此之外，教科书还有课文教导学生增强体育锻炼，强调强健的体魄对于抵御外侮的重要性，如《体操》《跳绳》《竞走》《拔河》《体操之益》等课文。通过掌握卫生知识、改变陋习、加强锻炼等方式，教科书以国民的身体为核心，向学生和民众传授了科学文明的现代生活方式和生活习惯。

总体而言，清末教科书的发展以甲午战争为界分为前后两个阶段。第一阶段，西学的引进绝大多数来自欧美，基本上是先由传教士自己翻译，随后中国学者加入翻译，且主要用于教会学堂和洋务学堂[2]。虽然这一阶段译介的教科书数量可观，但其影响范围始终局限

---

[1]　《文明书局出版新书》，《中外日报》1903 年 9 月 19 日。

[2]　石鸥、吴小鸥：《清末民初教科书的科学启蒙》，《高等教育研究》2012 年第 11 期，第 85 页。

在少数有识之士和开放程度较高的大中城市，这一时期科学的基本思想和内容开始在教会学堂和洋务学堂的教科书中出现。到了第二阶段，甲午战争后，随着科举制度废除、新式教育建立，新式学生的培养和养成及八股士类的淘汰牵动了整个社会。新的知识分子已经不再是封建王朝的卫道者，他们虽然出自新政，但超出了新政所划定的界限，走向了立宪和革命，他们这些"星星之火"散落在传统的中国大地后立刻引发了燎原之势。①

---

① 在新式教育的影响下，一批又一批年轻学生开始在科学理性的启蒙下成长为一代新知识分子。叶圣陶曾回忆道："我幼年初学英语，读的是商务的《华英初阶》，后来开始接触外国文学，读的是商务的《说部丛书》（最近重版了林琴南译的十种）；至于接触逻辑、进化和西方的民主思想，也由于读了商务出版的严复的各种译本（最近全重版了）。我的情况绝非个别的，本世纪初的青年学生大抵如此。"庄适指出："我国在昔青年读物不外《四书》、《五经》，文字艰深难解，又未必尽人习读，教育不普及，民识不开通，职之由，兄入商务着手第一事即为编国文教科书，事属首创，进行不易。每成一课，必与共事者张菊生、高梦旦、蒋竹庄诸君，团坐一桌，互相讨论，必至无可指摘，始为定稿。既经出版，颜曰《最新》。全国风行何止千万册。商务得成书业中巨擘，而又为全国第一文化机关者，实造端乎是书。"梁漱溟回忆道："在中西小学堂，我开始学习ABC，用的就是商务印书馆出版的《华英初阶》和《华英进阶》。至今我还记得清清楚楚。"茅以升指出："我十岁时入中学，所用的各门教科书，多半是商务出版的。教科书以外的参考书和工具书，也有很多是商务出版的。此外，社会上通行的《辞源》、各种英汉字典、《涵芬楼秘笈》、期刊、小说等等，也多由商务出版。"冰心指出："我启蒙的第一本书，就是商务印书馆出版的线装的《国文教科书》第一册。……我从《国文教科书》的第一册一直读了下去，每一册每一课，都有中外历史人物故事，还有与国事、家事、天下事有关的课文，我觉得每天读着，都在增长着学问与知识。"贺麟回忆道："当我在小学时期，开始摆脱背诵《三字经》和《百家姓》之后，首先便接触到上海商务印书馆出版的比较好纸张精印并附图片的教科书。对于这些教科书我们仍然象背诵《三字经》那样熟读成诵。记得在本国地理教科书中附有镇江的照片，那个位于长江下游的风景优美的镇江，给童年时代的我印象特深，并引起我们想将来离开家乡出外游览的乐趣。当时商务印书馆把生物和理化的教科书叫做'格致'。后来才知道'格致'二字是朱熹在《大学集注》内所强调的'格物致知'的简写，也就是'自然科学'一词的中译名。当时令我很感兴趣，这个译名虽然早已过时，却暗示了中西科学似乎有可以融合贯通的地方。"具体参见《商务印书馆九十年》，商务印书馆，1987。

第二节 报刊中的科学启蒙

报刊乃"传播文明三利器"之一。[①] 甲午战争以后，随着新式教育逐渐普及，大量以"开民智"为己任的新式报刊也大量涌现。据《辛亥革命时期期刊介绍》一书统计，至辛亥革命前后，1900~1918年出版的各种期刊有七八百种之多。[②] 其中这一时期创办的科技期刊有 120 多种，包括自然科学期刊 24 种（综合性 9 种、数理科学 9 种、地学 2 种、生物学 2 种、气象学 2 种）、技术科学期刊 73 种（综合性 13 种、工业 12 种、交通运输 14 种、农业 29 种、水利 5 种）、医学期刊 29 种。[③] 这些期刊虽然涵盖政治、经济、教育、自然科学等不同的专业以及学生、妇女等不同群体，但从办刊主旨来看，以传播自然科学知识为主的"开民智，促启蒙"是它们的共同追求。

一 清末民初传播科学思想的报刊

1. 自然科学报刊，主要有《中外算学报》《亚泉杂志》《理学杂志》《地学杂志》《理工》《数学杂志》《数理杂志》《观象丛报》等，其中最为著名的是以介绍化学知识为主的《亚泉杂志》，《亚泉杂志》是中国人自办的最早的一种关于自然科学的综合性杂志[④]，也是中国第一份由国人自办的化学期刊。以介绍气象知识为主的《观象丛报》是中国第一个气象杂志。[⑤] 它的办刊宗旨是"力矫前弊，凡有所得，

---

① 梁启超：《饮冰室自由书》，《饮冰室合集·专集》第 2 册，中华书局，1936，第 41 页。
② 丁守和主编《辛亥革命时期期刊介绍》第 1 集，人民出版社，1982，第 1 页。
③ 丁守和主编《辛亥革命时期期刊介绍》第 4 集，人民出版社，1982，第 694 页。
④ 《出版大事年表》中提及："亚泉学馆出版的《亚泉杂志》，为国人自编科学杂志最早之一种"，参见张静庐编《中国近代出版史料》第 2 编，群联出版社，1954，第 427 页。
⑤ 丁守和主编《辛亥革命时期期刊介绍》第 4 集，人民出版社，1982，第 706 页。

愿与当世天学巨子共讨论之，且研究象术，参究天人。浅之，可以破除社会之一切迷信；深之，可以养成人群超逸之遐思。为普通、专门各教育树其基础，亦救时之一术也。"①

2. 技术科学报刊，有关工业研究的主要有《实业杂志》《实业丛报》《中华工程师学会会报》，其中《中华工程师学会会报》是由詹天佑任会长的中国工程师协会的机关刊物。有专门研究农业的报刊，如《北直农话报》《湖北农会报》《农工商报》《农林公报》《浙江省农会报》《农商公报》《农学杂志》《农学月刊》等。其中《北直农话报》是中国最早的农学报刊之一。该报宗旨是"开通民智、振兴农业"，"从浅近入手，使令可施行"，"以通俗之文达科学之理，野老田夫亦能通晓，实于农业有裨"，不仅从日本系统地引入西方农学知识，而且引入西方的格致学。该报在当时产生了重要影响，其在农业传播中的地位非一般农业报刊可比，对于当时中国的农业发展起到了重要作用、做出了贡献。②另外，还有关于交通运输的报刊，如中华民国铁道协会编辑出版的《铁道》杂志。

3. 医疗卫生等其他类报刊。普及医疗卫生知识的报刊有《医药学报》《卫生白话报》《中西医学报》《中华医学杂志》《浙江广济医报》《卫生丛报》。其中，《医药学报》倡导新学、改良旧习，刊登医学、药学的理论、方法、政策、历史、新闻，以及卫生常识方面的文章和译述③。《卫生丛报》介绍卫生知识及一般疾病的防治，有社论、学说、社会卫生、家庭卫生、卫生顾问等栏目。此外，还有一些大型的综合性报刊在关注时政的同时兼顾科学技术，重视对西方

---

① 丁守和主编《辛亥革命时期期刊介绍》第4集，人民出版社，1982，第706页。

② 《北直农话报》，全国报刊索引网站，http://www.cnbksy.com/literature/literature/88bf7804367191ca468bab2f30866bd7。

③ 具体参见丁守和主编《辛亥革命时期期刊介绍》第4集，人民出版社，1982，第697页。

科学技术的介绍。例如，《万国公报》的"各国近事"栏目就以发布世界各国的科技信息为主，如英国的"气球利用"（第7册）、"设气球局"（第27册），法国的"新法气球"（第20册），美国的"飞车妙用"（第19册）、"空中行舟"（第29册）、"飞舟落成"（第33册）等气球方面的重要科技新闻。《新民丛报》有专门介绍西方历史地理的专栏，刊登过马君武的《新派生物学家小史》、梁启超的《格致学沿革考略》和《进化论革命者颉德之学说》等，从历史角度介绍西方自然科学的发展情况，开阔人们的视野。

此外，还有大量启蒙劳动群众的白话报刊，如《中国白话报》《京话日报》《宁波白话报》《杭州白话报》《安徽俗话报》等。这些白话报刊虽然办刊目的各有差异，但普遍以开通各地政教风气、普及科学常识、实现中国自强为宗旨。它们将"中国自强"的希望寄托于广大的劳动群众。例如，《中国白话报》认为近代以来国人对种种丧权辱国事件的麻木的根源就在于"大家不识字罢了，不识字便不会看报纸，不会看报纸便不晓得外头的事情，就是大家都有爱国心，也无从发泄出来了"，"倘然这报馆一直开下去，不上三年，包管各位种田的、做手艺的、做买卖的、当兵的，以及孩子们、妇女们，个个明白，个个增进学问，增进识见，那中国自强就着实有望了"。①除了专门的白话报刊外，一些大型报刊也常附有白话论说一栏，如天津《大公报》自1902年创刊之日起就常附设白话论说，1905年则用"敝帚千金"之名定期出版白话附张，以"警官邪，开民智，无背真理，普益国民"②为宗旨，以浅显、口语式的白话文来探讨各种社会焦点问题，向文理不深的大众读者普及科学知识、倡导移风易俗、宣扬爱国思想。

---

① 《中国白话报发刊辞》，《宁波白话报》1903年第2期。
② 英敛之、刘孟扬：《敝帚千金》第2册，大公报社，1905，"凡例"。

二 报刊中的科学启蒙内容

科技报刊传播的科学知识主要涉及四大方面。

第一，用科学知识抨击封建迷信。对"天""鬼神""风水"的信仰是传统封建迷信的重要表现。因此，清末民初的很多报刊通过传播天文地理知识来破除人们的迷信思想。例如，《国民日日报》刊登了《革天》《论中国信天之思想》《中国鬼神原始》等文章，揭示迷信"天""鬼神"的根源和危害。《革天》一文指出中国古人信"天"的起源在于人们不懂得世界万物的运动原理，不懂得日月、山河、鸟兽等自然现象和事物的运动轨迹，从人类自身的世界来审视自然界。该文进一步指出信"天"在社会生活中的两大危害：一是"愚民恃天自相蒙蔽，以阻人群之进步"；二是"狡民倚天售其奸诈，以贼人群之进步"。最后，该文认为中国社会之所以在近代遭受各种屈辱，与根深蒂固的封建迷信思想有密切的关系，只有破除民众对"天"等的迷信，才能促进社会的进步、增进民众的福祉。① 《中国鬼神原始》则重点论述了中国古代鬼神盛行的原因及科技与鬼神的关系。文章开篇就指出鬼神之说与开民智之间的关系，认为鬼神之说的兴盛和衰败与民众的智愚层次是成比例的，当民智低下之时，鬼神之说就会兴盛，当民智大开之时，鬼神之说就会衰败。因此，文章认为随着科学与文明的发展，"格致日明，物理日辟，吾知不出百年，中国士民将无有道鬼神之说矣"。②

其时恽代英的三篇文章《新无神论》、《怀疑论》和《我之人生观》颇具代表性。在《新无神论》一文中，他首先从"已往之历史"出发，通过列举雷电之击人、日月之蚀等自然现象，指出由于科学不

① 《革天》，《国民日日报》1904年第1期，第66页。
② 《中国鬼神原始》，《国民日日报汇编》1904年第2期，第38～44页。

发达，古人未能正确解释这些自然现象，认为这些现象都是鬼神的力量。但随着科学的发展，物理学、天文学告诉人们这些现象都是自然界物质运动的结果，飞行机、升降机、汽船等"昔之所以为不可信者，今则众目共见而不可诬"。其次，针对康德的"认识范围之说"和斯宾塞尔的"可思议与不可思议之区分"，恽代英指出人的认识能力"非一定不变，而随世界之文明，人类之智慧，以渐次扩张者也"。过去"不可思议者"，由于科学发达而变成了可思议，过去"以为有神者，在今日已有一部分可以科学解释之，又安知今之所以为不有神者，在他日不更有一部分亦可以科学解释之，或竟全部分尽可以科学解释之乎"①，表明了自己无神论的立场。

"天""鬼神"的种种迷信活动，如烧香拜佛、打醮作法等也是时人批判的重点。陈独秀在《安徽俗话报》上发表的《恶俗篇》中的"敬菩萨"就对上述迷信活动进行了揭露。他首先指出佛相本身是与佛教教义相违背的，佛教理论以及佛、菩萨与具体的佛相是无关的，佛教经典中佛陀曾明确指出"无我相"，因此造像违背了佛教经典，烧香敬佛更是与佛教的初衷大相径庭："佛教最讲究讨饭觅食，搭救众生，那肯叫天下人因为敬菩萨烧香穷了呢？"他进一步指出，如果菩萨一定要经过凡人的打醮、做会、烧香后才出来显灵，驱邪消灾，"难道菩萨也合好恭维贪贿赂的赃官一样吗？"②

此外，还有一些报刊批判百姓信风水的现象。《宁波白话报》设有"格致""指迷录"栏目，通过科学知识揭露风水假象。例如，《风水信不得》指出迷信风水、实行厚葬的风气不仅让大片耕地荒废，还严重影响了工矿业的发展。呼吁读者不仅要注重"小风水"，而且要讲求"大风水"，"大风水"就是国家社会的安定，也就是如

---

① 恽代英：《新无神论》，《恽代英全集》第 1 卷，人民出版社，2014，第 10~13 页。
② 陈独秀：《恶俗篇》，《陈独秀文集》第 1 卷，人民出版社，2013，第 28~31 页。

何利用地理地势等"风水"条件抵御"洋人"入侵。①

第二，普及科学常识。许多报刊专门设置了"格致"等栏目，向民众普及科学常识，如天文、地理等自然现象，卫生、疾病等生活知识。《扬子江白话报》认为"中国最缺的学问"是"理化科"，每期都有"学问"栏目，通过问答形式以通俗的文字向读者介绍科技知识。《真相画报》上曾刊载《近世发明谈》一文，"编者识"中写道，欧美诸国通俗的科学图书已经汗牛充栋，但"我邦如此类书籍之罕，曾凤毛麟角之不若"，因此该报志在收集英美通俗科学类图书并改作中国通俗书，"希补缺陷于万一"。②此文则向读者译介了无线电报，认为"百年以来可括之曰科学时代也"，这一时代是"理想主义败而物质主义胜"，随后介绍了电报的发展史、无线电报的原理和方法以及无线电波的发明者。在《安徽俗话报》上，陈独秀以"三爱"为名，从第3期至第7期连载《地理略》，普及科学的地理知识，介绍恒星、行星以及地球的组成等天文知识，中国的气候、地形、人口、物产、交通等状况。《安徽俗话报》第11期"格致"栏目刊登《益智启蒙问答》，介绍日食、月食的科学原理③。该报还向人们宣传卫生知识，希望人们能够逐渐形成良好的卫生习惯④。

在向民众普及科学常识的过程中，知识界精英逐渐认识到，纯粹

---

① 《风水信不得》，《宁波白话报》1904年第2期改良版。

② 《近世发明谈》，《真相画报》1912年第1期，第34~35页。

③ 例如，针对民间认为日食是"天狗食日"，日食发生时"做官的要拈香跪拜"，作者批评这"愚蠢至极"，"天狗若是有吃太阳的本领，也就不怕放炮敲锣了"，"太阳本是一个永远不动的恒星，无知无识，拜他他也不晓得"。参见谷土《益智启蒙问答》，《安徽俗话报》1904年第11期，第15~18页。

④ 例如，在《卫生：保养身子的法子》中指出："从前生理学不明，卫生的学问所以无人讲起，凡有疾病，不说是运命所定，就说是妖魔缠身，因此烧香画符，算命卜卦，驱鬼拿妖等种种的奇谈，真是可笑的很。"因此，要了解保养身子的法子，就要懂得解剖学，卫生的事项要紧的有八件："呼吸、睡觉、饮食、衣服、房屋、品行、养心、职业"。参见《卫生：保养身体的法子》，《安徽俗话报》1904年第8期，第20~21页。

的科学图书往往使人"阅不终卷，辄欲睡去"①。通过图像、故事乃至小说的方式，以深入浅出的文字能更有效地普及科学知识。例如，《启蒙画报》刊载《乘法实意》，讲解乘法法则："一人乘一马"，"二人乘着二人的头颈"；②《邓哀重学》用曹冲称象的故事解释西洋的重学；③ 将卫生知识编写成了朗朗上口的歌曲："回想联军在北京，大街小巷打扫清，禁止污秽罚洋钱。防疫无如洁净先，又为老官出恭勤，墙角蹲身未久停，欲起不得曲躬行，忽闻橐橐皮鞭声，此时情形真可笑。老官心中脱脱跳，张皇四顾魂胆销，裤带不见手纸抛。此君将来管街道，一定不准乱撒溺，此君将来修路程，一定多设官茅坑，京城虽是旧京城，肮脏风俗急须更，古云兵灾必瘟疫，昨年瘟疫何处去，难道瘟神怕洋人？今年怎敢来京城，劝儿童莫信邪，除瘟驱疫须修街。"④ 通过幽默风趣的故事和生动形象的图画，将卫生常识传授给儿童。

在普及科学知识的新形式中，科学小说以独特的形式兴起。晚清四大小说杂志⑤都以刊载科学小说著称，其他类型报刊也会刊登科学小说。科学小说以通俗易懂、生动幽默的形式向读者普及科学知识。例如，《礼拜六》曾刊登《贼博士》一文，此文描写的是一位理化博士利用电磁圈的引力进行盗窃的故事，向读者普及物理知识；⑥《妇女杂志》刊载的《鸟类之化妆》描写了一个嫁到乡下的知识女性的见闻，介绍了燕子的飞行、家禽的沙浴等动物知识；⑦《东方杂志》

---

① 鲁迅：《月界旅行》，《鲁迅全集》第 10 卷，人民文学出版社，2005，第 164 页。
② 《乘法实意》，《启蒙画报》1903 年第 4 期。
③ 《邓哀重学》，《启蒙画报》1903 年第 2 期。
④ 《防疫纪念歌》，《启蒙画报》1903 年第 2 期。
⑤ 即《新小说》、《绣像小说》、《月月小说》和《小说林》。
⑥ 参见《贼博士》，《礼拜六》第 57 期，1915，第 34~38 页。
⑦ 参见《鸟类之化妆》，《妇女杂志》1917 年第 11 期，第 1~9 页。

刊载的《元素大会》采用拟人化手法，生动幽默地介绍了化学元素，80多种元素济济一堂，有"衣冠皓洁，形容光艳，常左右驰走于四隅，与人周旋"的活泼青年"水银"，有"闻者辄为心醉"的少女"亚可儿"（酒精），还有闯入会堂的莽汉"硫化水素"，"金属派中人尤畏之如虎，相顾失色。独有格鲁林夫人，神色不变，从人丛中指硫化水素而詈之曰：'汝可厌之匹夫，汝品性恶劣，不知自臭，强欲厕身我可贵之元素盛会，侮辱同人。汝何人斯？速去。不者，我必杀汝而分解之'"；[1] 刊载于《小说时报》1909 年第 1 期的《电世界》不仅向时人详细介绍了关于电的种种知识和应用，而且通过"电学大王"黄震球向时人构建了一个应用电力构建的乌托邦世界。

第三，批判传统陋习，如缠足、吸食鸦片等。例如，《宁波白话报》刊登了三篇歌谣，以朗朗上口的文字劝诫妇女不要缠足。1904年，《女子世界》刊登了一系列批判缠足的文章，如《痛女子穿耳缠足之害》（第 11 期）、《缠脚歌》（第 11 期）、《戒缠足诗十首》（第 5 期）等。广东女界著名人士杜清持将"不裹脚"视为兴女权、倡女学的第一要紧。[2] 报刊中的宣传与"天足会""不缠足会"等运动相配合，成为反对缠足陋习的重要力量。再如，劝诫勿吸食鸦片时，说明鸦片的危害，希望人们不要误入歧途："鸦片本和毒药一般，千万不可入口，入瘾以后，当时虽然未必丧命，年深日久，没有不起这上头生病，由此就呜呼哀哉的"，吸食鸦片的人"脸上颜色，大约是青黄二色；身上形式，大约是骨瘦如柴"；鸦片败坏人才，"吸食鸦片的人终日烟瘾缠绕，总没有工夫办事……颓败终身志气"，不仅"旷废有用光阴"，而且"耽误正经事业"，吸食鸦片已经成了误国误民

---

① 端生：《元素大会》，《东方杂志》1914 年第 11 期，第 9~12 页。

② 杜清持：《男女都一样》，《女子世界》1904 年第 6 期，第 1~4 页。

的大病根。①

第四，传播科技前沿资讯，促进学术交流。除了以抨击封建迷信和"开民智"为己任宣传科学知识和思想的报刊外，还有专门的科技类学术报刊，这类报刊兼具大众性和专业性。此类刊物的办刊目的主要是传播西方最新的学科知识及西方各国在自然科学方面的最新成果，早期以杜亚泉创办的《亚泉杂志》（后更名为《普通学报》②）为代表。1900年杜亚泉在上海创办了《亚泉杂志》③。该刊最早将化学元素周期律和原子、分子等学说介绍给国内的读者，更系统地向国人介绍了世界上新发现的元素，并为一些元素首创了中文名；介绍了化学分析方法和化学实验，介绍化学在日常生活中的应用；等等。其中，化学方面的论文占《亚泉杂志》总篇目的近2/3，因此它也可以说是中国第一份由国人自办的化学期刊。④

新文化运动时期创刊的《科学》也是一份专业性和大众性相结合的刊物。该刊1915年在上海创刊，由中国科学社留美科学家任鸿隽、赵元任等发起创办，由中国科学社编辑出版。该刊聚集了各门学科的代表性人物，如丁文江、竺可桢、马相伯等。他们以"联络同

---

① 《劝人不可吸鸦片烟》，《敝帚千金》1905年第9期，第27~28页。

② 杜亚泉创办《亚泉杂志》后，因"流行未广，数月内折耗多金"，以致亏损巨大，又因"图式太多，排工甚费"，不能按时出版，加之社会上将其与日本人创办的《亚东时报》相混淆，来函中往往称其"大日本亚泉学馆""大日本亚泉杂志"等，为了消除读者的误解，1901年杜亚泉决定将亚泉学馆改名为"普通学书室"，同时将《亚泉杂志》更名为《普通学报》。具体参见丁守和主编《辛亥革命时期期刊介绍》第3集，人民出版社，1982，第1~2页。

③ 杜亚泉将该刊的办刊宗旨定为："接载格致算化农商工艺诸科学"，为国家的科技发展做出贡献。他认为政治与科学有密切的关系，"航海之术兴，而内治、外交之政一变；军械之学兴，而兵政一变；蒸汽、电力之机兴，而工商之政一变；铅字石印之法兴，士风日辟，而学政不得不变"，说明政治的变革需要通过科技来实现。参见《亚泉杂志》1900年第1期，序。

④ 参见全国报刊索引网站上对《亚泉杂志》的介绍。

志、研究学术以共图中国科学之发达”为己任，他们笃信科学救国，
“代兴于神州学术之林，而为芸芸众生所托命者，其唯科学乎！其唯
科学乎！”① 该刊不仅是传播科学知识的重要阵地，而且是当时中国
的科技工作者发表论文、交流学术的重要平台。在创办之始，该刊刊
登的文章大体可以分为五类：一是通论，二是物质科学及其应用，三
是自然科学及其应用，四是历史传记（著名科学家、教育家的传记
及学科的专史），五是杂俎（小评论、科学家轶事及科学趣闻）。科
学方面的内容主要分为三类。一是介绍科学方法，如胡明复的《科
学方法论一》《科学方法论二》，任鸿隽的《科学方法讲义》等，介
绍西方的归纳法、演绎法和科学实验方法等。二是介绍国外前沿的科
学知识和科学研究，包括数学、物理学、化学、生物学等自然科学的
基本原理和最新进展。例如，《平面几何》《形学歧义》《代数学之基
本原理》等文章介绍了数学知识，《X 射线之真性质》《爱克斯射线
与偷输铜》《说伦得根射线》《爱恩斯坦之重力新说》等文章介绍了
19 世纪末 20 世纪初物理学领域内 X 射线、放射性元素和电子三大发
现以及爱因斯坦的相对论、量子论等研究成果与相关情况，《达尔文
天演学说今日之位置》《天演新义》《染色体学说》等文章介绍了生
物领域的遗传理论，还有介绍动物学、植物学等领域知识的文章。三
是介绍国内外先进的科学技术。据宋子良的不完全统计，《科学》前
32 卷共刊发论文（指“通论”“专著”“学术通讯”等栏目刊登的文
章）2795 篇，其中技术类文章达 632 篇，占论文总数的 22.61%。②
包括对农业科技的介绍，如《植物选种论》《谷种改良论》《高粱之
特性及育种》等；对造纸技术的介绍，如《中国制纸法》《破布造纸
之研究》《竹纸料之研究》等。此外，还介绍了火箭、超音速飞机、

---

① 《发刊词》，《科学》1915 年第 1 期，第 6~7 页。

② 宋子良：《以振兴中国技术为己任的〈科学〉》，《科学》1990 年第 4 期，第 251 页。

电视、潜艇、心脏手术等不同领域的先进技术。以《科学》为依托的中国科学社不仅是时人传播科学、交流学术的阵地，还是培养科学家的摇篮。华罗庚就是通过《科学》从一个小店员成长为一代数学家，正如周培源所指出的："像《科学》这样的刊物对教育我们广大青年和人民群众是很有作用的。"①

总之，这一时期随着新式教育的普及和报刊媒介的发展，科学启蒙成为这一时期思想启蒙的重要内容。在科学启蒙运动的推动下，时人开始"开眼看世界"，一批掌握现代科学常识的"新民"开始走上历史的舞台。

第三节　科学主义思潮对早期马克思主义者的思想影响

以报刊和教科书为主要依托的科学启蒙运动在短短的二十年时间内取得了巨大成效。正如李大钊在《民彝与政治》中写道："二十年以前，洋海始通，西学输入，缙绅先生尚持天动地静之说，而以为奇技淫巧焉。今地球绕太阳之理，声光化电之学，虽在童骇，亦粗知其义矣。"② 在科学启蒙思潮的影响下，早期马克思主义者通过阅读进步报刊、接受新式教育，完成了由四书五经式的儒家士人向掌握科学知识的"新人"的转变。

一　报刊媒介对早期马克思主义者的影响

进步报刊是早期马克思主义者思想启蒙的重要途径之一。中国早期马克思主义者大都通过阅读进步报刊开始"开眼看世界"。例如，

---

① 周培源：《从华罗庚成才说起》，《编辑学刊》1986 年第 4 期，第 39 页。
② 李大钊：《民彝与政治》，《李大钊全集》第 1 卷，人民出版社，2013，第 283 页。

陈独秀阅读《时务报》等进步报刊后，成为厌弃科举的"选学妖孽"。1897 年，19 岁的陈独秀离开家乡安徽怀宁前往南京参加江南乡试。此次经历打开了他的眼界，他开始深度怀疑传统的科举考试，了解康、梁的思想，"感觉到梁启超那班人们在《时务报》上说的话是有些道理呀！"① 康、梁的论著开启了陈独秀的科学启蒙。他认识到"世界上的人，原来是分做一国一国的，此疆彼界，各不相下。我们中国，也是世界万国中之一国，我也是中国之一人。一国的盛衰荣辱，全国的人都是一样消受"②，开始关注国家命运。毛泽东也通过阅读报刊开阔了视野。毛泽东早年深受传统文化熏陶，后停学在家务农，其间他从表兄文运昌处借了一些书，其中有郑观应的《盛世危言》和冯桂芬的《校邠庐抗议》。《盛世危言》主张设议院、办商务、讲农学、兴学校，还指出中国之所以弱小的重要原因在于缺少西洋的铁路、电话、电报、汽船等。这两本书使毛泽东开阔了视野。③ 在东山高等小学堂读书期间，他经常到学校藏书楼借阅中外历史、地理书籍，不仅熟悉了中国古代历史，还学到了一些外国的历史和地理知识。毛泽东还读了表兄文运昌借给的《新民丛报》。④ 1912 年 19 岁的毛泽东考入了湖南全省高等中学校（后改名为省立第一中学）。入学后，他制订了一个自修计划，每日到湖南省立图书馆读书。在自修的半年中，他广泛地涉猎了 18～19 世纪欧洲资产阶级的社会科学和自然科学书籍，读了赫胥黎的《天演论》和达尔文关于物种起源方面的书，还读了一些俄、美、英、法等国的历史、地理书籍，以及古代希腊、罗马的文艺作品。在这个图书馆，他还第一次看到一张世界大

---

① 《陈独秀著作选编》第 5 卷，上海人民出版社，2009，第 211 页。
② 《陈独秀著作选编》第 1 卷，上海人民出版社，2009，第 44 页。
③ 《毛泽东年谱（1893～1949）》上册，中央文献出版社，2013，第 6 页。
④ 《毛泽东年谱（1893～1949）》上册，中央文献出版社，2013，第 9 页。

地图，引起很大的兴趣，反复细看，深受启发。① 蔡和森、瞿秋白、高一涵、施存统等都是进步报刊的热心读者。蔡和森在双峰高级小学读书期间，"读书涉猎广泛，尤喜语文、历史等课，注重学习时事，喜读学校订阅的各种报刊"。② 瞿秋白在学校读书期间特别喜欢阅读梁启超的《饮冰室合集》、谭嗣同的《仁学》以及严复的《群学肄言》等。高一涵也曾回忆，自己在中学读书期间开始接触《新民丛报》《中国魂》等刊物。③ 李季在中学时期经常阅读"各种报章上的论说和饮冰室文集等等"，"因此我的目光与思想发生极大的变化"。当时青年学生普遍崇拜康有为、梁启超，李季甚至认为"前有孔孟，后有康梁"。在梁启超的影响下，李季"不仅极力注意国家大事，并且还变成忧时爱国之士，都想发愤为雄"。④ 施存统在浙江一师期间开始阅读《新青年》，经常手不释卷，便做了《新青年》信徒，"凡是《新青年》所说的话，总是不错的了"。⑤ 为了经销《新青年》《星期评论》等进步刊物，他在杭州设立了"书报贩卖部"。

二　新式教育对早期马克思主义者的影响

从早期马克思主义者的教育经历来看，他们大多在早年接受传统

---

① 《毛泽东年谱（1893~1949）》上册，中央文献出版社，2013，第13页。

② 《蔡和森年谱》，湘潭大学出版社，2008，第21页。

③ 据高一涵回忆："我在考取安徽高等学堂以前，曾在六安县中学肄业。这个中学监督喻康侯是一位'道学先生'，他在学校中兼任国文教员，对我的作文大加赏识。当六安县政府送我投考安徽高等学堂时，他在临别赠言中说：'你的前途很有希望，但千万不要同革命党往来，千万不要看《民报》。'他把《民报》说得那样可怕，反而引起我的好奇心，一到安庆就设法寻找《民报》，但是没有找到。嗣后与霍邱革命前辈徐迂亭谈起想寻找《民报》事，他教我不要声张。一天他把藏在旅馆房间内地板下的一册《民报》拿出给我看。"参见高大同编著《高一涵先生年谱》，上海文化出版社，2011，第7页。

④ 李季：《我的生平》，亚东图书馆，1932，第74~75页。

⑤ 《回头看二十二年来的我》，《民国日报·觉悟》1920年第9卷第22期。

的私塾教育，具有扎实的国学功底，教育改革后又进入新式学堂，接
受新式教育。陈独秀早年中过秀才，1901 年后进入杭州求是书院接
受新式教育。[①] 李大钊在科举考试取消后进入永平府中学学习。毛泽
东早年深受传统文化的熏陶，曾停学一段时间在家务农，后来进入东
山高等小学堂学习。高一涵在幼年时期随长兄在私塾读书，熟读四书
五经，具有扎实的国学基础，《一涵公传略》记载："十三岁即能诗
善文"[②]，17 岁时考中秀才。1905 年清廷废除科举制后，高一涵进入
六安县中学读书。施存统 9 岁入私塾读书，精通儒家经典，15 岁进
入金华长山小学。此外，李季、李达[③]、瞿秋白、蔡和森等都是幼年
时期熟读四书五经，随后进入新式学堂。因此，在一定程度上，新、
旧教育的强烈反差加快了他们的思想转变。

　　首先，在教学内容上，与传统的四书五经不同，新式学堂的课
程以"西学"为主，物理、化学、算学、地理、历史、体操、博物
等成为常规课程，有些学校还开设了英语、法语等外语课程，这些
课程成为早期马克思主义者学习和掌握西方科学文化知识的重要途
径。其次，在学制上，新式教育设置了完整的学制体系，一方面，
学生能够受到系统规范的新式教育，形成较为完整的知识体系。早
期马克思主义者中，李大钊在永平府中学完成学业后，进入北洋法
政专门学堂学习了 6 年。毛泽东先后就读于东山高等小学堂、湖南
省立第一中学以及湖南省立第四师范学校。高一涵从六安县中学毕

---

① 唐宝林指出："陈独秀在 1897 年参加江南乡试落榜以后直到 1901 年 10 月之间的历史，
由于资料不多，情况不清。"参见唐宝林《陈独秀全传》，社会科学文献出版社，2013，
第 24 页。但较为普遍的说法是陈独秀 1898 年进入杭州求是书院，如周策纵的《五四运
动研究指南》、郅玉汝编著的《陈独秀年谱》等。
② 高大同编著《高一涵先生年谱》，上海文化出版社，2011，第 3 页。
③ 李达 10 岁进入私塾读书，"我读过四书五经，学作过诗词八股文"，15 岁的李达考入永
州中学读书，具体参见李达《自传》，《李达全集》第 17 卷，人民出版社，2016，第
396 页。

业后，考入安徽高等学堂。杨匏安早年就读于凤山高等小学堂，小学毕业后进入广东高等学堂附中。另一方面，接受"高等教育"的经历进一步加快了早期马克思主义者的思想转变。这不仅是因为他们学习和接受了更专业的"新式"知识和教育，而且"高等学堂""专门学校"大多建立在省会城市或核心地区，这些地区往往是西学东渐的前沿，他们既可以接触到第一手的西学知识，还可以第一时间了解国内外的重大事件。最后，在师资力量上，在新式学校任职的一些教师或早期的维新派人士或接受过西学训练或曾留洋海外，有的教师还是著名学者，他们在一定程度上成为早期马克思主义者的思想启蒙者。例如，毛泽东在韶山冲时期，李家屋场由外地回来一位维新派教师李漱清。"他常给韶山人讲述各地见闻和爱国维新的故事，宣传废庙宇、办学校，反对信佛。人们对李漱清的言论有各种议论，毛泽东赞成他的主张，并同他建立了师生和朋友的关系。"①在湖南省立第四师范学校读书期间，毛泽东深受杨昌济等老师的影响。高一涵曾受教于严复，他曾在自传中写道："对我思想有重大影响的，在求学时代，有严复，因为他是'安徽高等学堂'的监督，是我们学校的校长。他所翻译的关于政治、经济、哲学等书籍，都是资本主义上升时代的名著，我读了受到的影响很大。"②施存统就读的浙江一师不仅是浙江省的最高学府，而且是浙江新文化运动的试验场，校长经亨颐在"与时俱进"的方针下力行改革，国文科在"四大金刚"——刘大白、陈望道、夏道尊和李次九等教员的影响下，废除文言文，提倡白话文，将新文化运动的精神带进教室。

总之，新式教育也是早期马克思主义者思想启蒙的重要途径，大多数早期马克思主义者是通过在新式学堂中接受新知完成思想启蒙

① 《毛泽东年谱（1893~1949）》上册，中央文献出版社，2013，第6~7页。
② 高大同编著《高一涵先生年谱》，上海文化出版社，2015，第6页。

的。李达曾回忆，在中学期间他"开始接触一些新的知识，逐渐知道一些国家大事。如从看地图中，知道过去常常谈论的'洋鬼子'国家就是英、美、德、法、意、日、俄、奥等国，他们都是侵略中国的；中国的贫穷落后是由于政治的黑暗，清廷的媚外。……开始有了一点国家观念，知道爱国了"。① 李季在高师期间就读于"英语科"，他的志愿是"先学好一种外国文，再来学外国治国平天下的道理"，因此他十分用功，"除上课外，差不多整天坐在自习室读英文，同学们都笑我'把凳子坐矮了'"。② 李季成绩优异，1915 年考入北京大学英文科。五四运动使李季深受影响，他开始从"小我"中挣脱出来，将国家与民族的命运"确定为我的趋向"③。

在新式教育和报刊的启蒙与影响下，一些早期马克思主义者又留学海外，探求救国救民的真理。例如，"开眼看世界"后的陈独秀曾撰文指出："自古道国亡家破，四字相连……我越思越想，悲从中来。我们中国何以不如外国，要被外国欺负。此中必有缘故。我便去到各国，查看一番。"④ 在北洋法政专门学堂六年的学习结束后，李大钊"仍感学识之不足，乃承友朋之助，赴日本东京留学……留东三年，益感再造中国之不可缓"。⑤ 杨匏安、李达、高一涵等也先后东渡日本寻求救国救民的真理，苦心钻研西方的各种新思潮。一些早期马克思主义者前往苏俄及法国深造，如瞿秋白以《晨报》记者的身份前往苏俄，蔡和森赴法国勤工俭学。留学经历不仅进一步开阔了他们的视野，也使他们开始接触到马克思主义。例如，李达曾总结自

① 李达：《沿着革命的道路前进——为纪念党成立四十周年而作》，《李达文集》第 4 卷，人民出版社，1988，第 729~730 页。

② 李季：《我的生平》，亚东图书馆，1932，第 101~102 页。

③ 李季：《我的生平》，亚东图书馆，1932，第 203 页。

④ 三爱：《说国家》，《安徽俗话报》1904 年第 5 期，第 1~2 页。

⑤ 李大钊：《狱中自述》，《李大钊全集》第 5 卷，人民出版社，2013，第 297 页。

己这一时期的思想变化情况："我在中学时代，主要是爱国思想，特别是'排日'思想，在高等师范时代是'教育救国'思想，辛亥革命以后主要是'实业救国'、'科学救国'思想。"留日期间，他目睹了帝国主义侵略中国的诸多事实后，便改变了"实业救国"和"科学救国"的思想。俄国十月革命后，李达开始转向马克思主义，"我当时认为俄国无产阶级革命是救国的唯一途径"。① 因此，到达东京后，他就停止了物理、数学的学习，"专事马克思主义的学习"，随着日本介绍马克思主义的图书增多，李达初步学习了"马克思的唯物史观，剩余价值学说，阶级斗争说，《资本论》第一卷和列宁的《国家与革命》"。② 在苏俄的两年时间里，瞿秋白认真学习了马克思列宁主义理论，深入考察苏俄社会发展和人民生活状况。对马克思主义和俄国革命的深入了解使瞿秋白建立了马克思主义的唯物主义世界观。他认识道："一切真理——从物质的经济生活到心灵的精神生活——都密切依傍于'实际'"，"抽象的'真''美''善'的社会理想，决不能象飞将军似的从天而降。……劳工神圣，理想的天国，不在于知识阶级的笔下，而在于劳工阶级实际生活上的精进"，"由客观立论，更确定我的'世间的唯物主义'"。③ 回国后，瞿秋白彻底转变为一名马克思主义者。在法国期间，蔡和森除了刻苦学习法文外，还收集了马克思主义和关于各国革命运动的小册子百余种，"加番研究"，同时摈弃了当时颇为流行的无政府主义，选择了社会主义："我近对各种主义综合审缔，觉社会主义真为改造现世界对症之方，中国也不能外此。"④ 为了用马克思主义指导中国革命，他率先

---

① 李达：《自传》，《李达全集》第17卷，人民出版社，2016，第397页。
② 李达：《沿着革命的道路前进——为纪念党成立四十周年而作》，《李达文集》第4卷，人民出版社，1988，第734页。
③ 《瞿秋白文集：文学编》第1卷，人民出版社，1985，第44页。
④ 《蔡和森文集》上册，人民出版社，2013，第56页。

提出组建中国共产党。

在科学主义思潮影响下，早期马克思主义者通过接受新式教育、阅读报刊、留学海外，逐渐完成了思想上的第一次转变，成为为救国救民奔走的先进分子。

第二章 科学的唯物主义理念
与"经济决定论"

在科学主义的诸多理念中，唯物主义理念与唯物史观的联系最为紧密。从唯物史观的发展脉络来看，唯物主义不仅是马克思、恩格斯创立唯物史观的思想基础和理论来源，而且在唯物史观在中国的传播过程中，唯物主义也承担了十分重要的中介和桥梁作用。

第一节 唯物论与唯物史观的创立

在西方哲学发展史上，唯物主义经历了从哲学的唯物主义到社会领域的唯物主义的延伸和发展的过程，其中从霍布斯到海克尔，一些哲学家发展了哲学的唯物主义，孔德和马克思则将唯物主义思想进一步发展应用到社会领域。

一 唯物论哲学的发展

（一）机械唯物主义

霍布斯是英国经验哲学的继承者，也是机械唯物主义的奠基者。霍布斯试图在物理学的基础上建立一套实在体系，他认为所有的现实在本质上具有物理性，在行动上具有机械性，在此基础上他建构了自己的理想王国——利维坦。在他的成名作《利维坦》一书中，他明确宣称自己是一个彻底的唯物主义者。他认为生命无非是四肢的运动，所以机器人具有人造的生命，国家不过是人工技巧创造的东西，也是一个模造的人。他还认为人类的意识或感觉是外界物质作用于人的感官所产生的"显现"或"影像"，这种感觉影像是物体的机械运动引起的结果。霍布斯是自然科学的忠实支持者，他认为几何学是迄今为止唯一的真正的科学。哲学中"无形体的实体"是不存在的。

在霍布斯的影响之下，唯物主义哲学经过拉·梅特里与霍尔巴赫的发展和补充由机械唯物论发展为决定论。拉·梅特里是法国唯物主义早期代表之一，他将自然科学的成就与唯物主义思想相结合，建立了机械唯物主义体系，提出了著名的"人是机器"的论断。拉·梅特里在其代表性著作《人是机器》一书中明确指出"唯物论是唯一的真理"，发展了唯物主义一元论的观点，他认为整个宇宙只有一个实体，这个实体就是物质。拉·梅特里否认任何意识的存在，对他来说，被称为"精神实在"的现象只是大脑的功能。他引证了大量自然科学，特别是生理学、病理学和解剖学方面的知识，证明意识（心灵）是物质的运动，即大脑的运动，精神不能脱离物质、心灵不能脱离有机体而存在，它们始终是人脑的一种机能。

继拉·梅特里之后，霍尔巴赫进一步发展了唯物主义的哲学体系。他和梅特里一样从自然科学出发进行论证，认为自然的法则是物质世界和精神世界的唯一法则，他将自然法则定义为："从最广的意义来说的自然，就是由各种不同的物质，由这些物质的各种不同的组合，由我们在宇宙间看到的各种不同的运动集合而成的大全体。从狭义来说的自然，或者就每个存在物内部来看的自然，则是由这个存在物的本质，亦即使它有别于其他存在物的那些特性、组合、运动或活动方式构成的全体。"① 在此基础上，他反对一切超自然的存在，用自然主义批判宗教神学，认为自然的道德从根本上是与宗教道德相对立的。他非常赞成梅特里将人类比于机器的理论，认为人在世界上受到各种法则的支配。霍尔巴赫使朴素的机械决定论的唯物主义观念更加系统化、体系化。

这种系统化的机械的朴素唯物主义发展至海克尔时达到一个新的高潮，形成了一元论哲学。海克尔 1834 年出生于德国，是德国著名的生物学家、达尔文主义者和哲学家。他的一生著述颇多，除了很多研究动植物的专门著作之外，还发表了大量著作宣传一元论哲学，代表性的有《自然创造史》、《生命奇迹》和《宇宙之谜》。在他的诸多著作中最具影响力的当数《宇宙之谜》。该书 1899 年出版后受到了西方学界的热烈欢迎，至 1918 年，该书的外文译本多达 24 种，三种德文原版共印了 34 万册。海克尔还收到了几千封读者表示支持和赞扬的来信。②

海克尔的《宇宙之谜》在内容上主要分为四大部分，包括人类学、心理学、宇宙学和神学。在该书中，他在达尔文进化论的基础上，"建立了一种完备而不调和的一元论哲学"。③ 他从"一元论"出发，认为"实体"是宇宙中的唯一存在，宇宙中"包罗万象、至高无上"的不是上帝，而是支配宇宙运行的基本规律——实体定律。他认为实体定律由两个定律组成，一个是物质守恒定律，即"充斥于无限宇宙空间的物质总和是不变的"；另一个是能量守恒定律，即"活动于无限宇宙空间并引起一切现象的力的总和是不变的"，他指

---

① 《西方哲学原著选读》下册，商务印书馆，1986，第 209 页。
② 袁志英：《〈宇宙之谜〉与海克尔其人》，《德国研究》2003 年第 2 期，第 43 页。
③ 〔英〕W. C. 丹皮尔：《科学史及其与哲学和宗教的关系》，李珩译，广西师范大学出版社，2001，第 270 页。

出，"这个铁的、永恒的、伟大的定律毫无例外地适用于整个宇宙"。从该定律出发，海克尔提出了他的宇宙整体论。他认为宇宙是永恒的、无边无际的，在两个定律的支配下永远处于运动之中，这种运动同时是一种进化的过程，在这个过程中宇宙会进行周期性的生灭交替和新陈代谢，不仅太阳、地球有生成毁灭的过程，人类的起源和发展也是有机自然界的产物。[①] 从自然的一元论出发，海克尔进一步提出了哲学的一元论，并批判了哲学上的二元论，他认为二元论将物质世界与非物质世界的上帝分割开来，是一种分裂的世界观，是有神论和唯心主义形而上学的表现，而一元论是统一的世界观，是一种泛神论。总之，机械唯物主义大体经过霍布斯、梅特里、霍尔巴赫及海克尔的发展和完善，由简单的机械唯物主义转变为一元论哲学，继他们之后，孔德和马克思另辟蹊径，将唯物主义引入社会领域，开辟了实证主义和唯物史观的新天地。

（二）实证主义

实证主义作为一种哲学思潮与近代以来自然科学的发展密切相关。实证主义主张将自然科学的内核，即客观性、方法论等应用于社会领域，试图实现科学的统一及哲学的科学化。孔德是实证主义哲学的鼻祖。孔德1798年生于法国的蒙彼利埃，中学时期的教育使他对自然科学特别是数学产生了浓厚的兴趣，在系统研究了圣西门的思想之后，他完成了《实证哲学教程》这一巨著，将自然科学研究方法应用于社会领域，创建了一门新的科学——社会学。该书前三卷主要

---

① "人类只是在第三纪由一种类人猿演变而成"，"所谓的'世界史'，即人类的文明史，不过是数千年的短暂时期，它和有机地球史的漫长过程相比，只是一个短暂的插曲；有机地球史与行星系的历史相比，也只是很短暂的一瞬；我们的大地之母地球在无限的宇宙中仅是一粒会毁灭的太阳微尘；而一个人在会毁灭的有机自然界里只不过是一粒极其渺小的原生质"。具体参见〔德〕恩斯特·海克尔《宇宙之谜》，郑开琪、袁志英等译，上海译文出版社，2002，第13页。

介绍了自然科学的各类学科，第四卷阐释了社会学的一些基本观点和理论，第五卷和第六卷论述了历史哲学、伦理学、政治学及美学等内容，特别是在后三卷中，孔德对社会科学进行了哲学论述，构建了以社会学为核心的社会哲学体系。孔德十分强调自培根以来自然科学唯物主义的实证精神，将其作为自己实证哲学的立足点，他将社会学引入自然科学体系，并赋予社会学实证科学的性质，弥合了西方哲学领域自然科学与哲学的分化，使哲学不仅包含对人的研究，也包含对宇宙的研究。他认为在这一点上实证哲学起到了中介作用，"实证哲学使关于人的概念从属于关于宇宙的概念"，使哲学从形而上学的研究开始转向"研究种种物质的存在"，从而将天文学、物理学、化学、生物学等学科的具体内容都纳入了哲学的研究范围。与此同时，他提出了科学有机体的概念，他认为各门科学往往是"依存于其他众多的科学"，因此，"科学的进步与技术的进步存在着无数的交互影响与相互依据"，例如农业研究"必须和生物学、化学、物理学甚至和天文学、数学结合起来"。[①] 虽然科学是一个有机体，但孔德认为各门科学的发展还有赖于人类理智的发展。他将人类之始的发展分为神学阶段、形而上学阶段与科学或实证阶段三个阶段，并指出神学阶段和形而上学阶段只有破坏作用而没有建设作用，只有实证哲学将"自然法"运用到社会政治问题，才"是唯一能够改造社会的力量"。[②] 孔德思想对西方现代哲学产生了深远的影响。

约翰·穆勒是继孔德之后又一位实证主义大家。他对实证主义的主要贡献在于他以自然科学的发展和自然科学方法论为分析的基础，提出了归纳理论。约翰·穆勒从逻辑学出发，他认为逻辑最主要的作

① 欧力同：《孔德及其实证主义》，上海社会科学院出版社，1987，第 77 页。
② 〔英〕汉默顿编《西方名著提要——哲学、社会科学部分》，何宁译，商务印书馆，1963，第 329 页。

用就是推理，推理则是由已知推及未知。从这个观点出发，他对亚里士多德三段论式的演绎逻辑进行了归纳逻辑的解释，指出任何一种普通命题或理论都是一系列特殊观察的总和。归纳逻辑则指明了如何通过特殊的观察得出普通的命题：第一次两个现象同时呈现在我们面前，第二次如果前者发生后后者也随即发生，那么我们就可以把这个经验组成一个命题，这个命题就是我们对经验的归纳。他认为这种推理不仅儿童能做出，甚至野兽也能做出。儿童的手指被蜡烛火焰烧伤过，他再看见蜡烛的火光就会把手缩回，这并不是因为他想到了一个普遍公理，而是因为这个火光直接唤起了他所受过的痛苦的观念。①穆勒认为，人们可以对一些简单的经验进行归纳形成知识，对于很多多因素、复杂的现象，则需要四个步骤才可以得出知识：首先必须将其分离为各个组成部分；其次，用简单的归纳法研究每个因素的作用原理；再次，用演绎的方法推出这个整体现象的结果；最后，通过观察来考察结论是否与经验一致。总之，穆勒认为知识的过程包括归纳、演绎和证明三个过程，虽然他肯定了演绎在求知过程中的重要作用，但他是用归纳来解释演绎的。在确定了归纳法的核心地位后，穆勒进一步提出了自然齐一性和因果律两个假定。对于因果律，他认为作为一种公理，它的基础只能是经验，并且需要被归纳所证明。他认为因果律的基础是众多的经验，正因为经验众多，所以才能做出最广阔的概括。如果把比较狭窄的归纳和最广阔的概括联系起来，就可以得到确定的结果。总之，约翰·穆勒的归纳逻辑是以经验主义知识论为基础的。

如果说约翰·穆勒的主要贡献是提出了归纳理论，那么斯宾塞的重要贡献则是将达尔文的自然进化论引入了社会发展领域，提出

---

① 《穆勒名学》乙部，商务印书馆，1981，第169～176页。

了社会有机体理论和社会进化论。斯宾塞首先将社会进化等同于社会进步，认为进化论是一个普遍规律，无论是自然界的天文地理还是人类社会的发展变迁都受到这一规律的支配。进化是普遍的、永恒的，是"物体的集结，以及伴随着运动而出现的弥散；在这个过程中，物体由不确定的、分散的同质状态变为确定的、凝聚的异质状态"。"这种从同质向异质的转化，不仅体现在人类整体文明的进步中，也体现在每一个民族的进步中；而且现在还以越来越快的速度进行着。"① 斯宾塞将社会的进步与生物的进化相类比，将自然选择和生存竞争原则引入社会发展，指出社会的发展过程也是一个优胜劣汰、适者生存的过程，但总体来说，社会的发展是一个逐渐进步的过程，在这个过程中只有人类不断地适应环境才能实现，"文明就是人的潜在能力在适宜的环境下的发展，这种适宜的环境，请注意，在某一时期肯定会出现"。② 斯宾塞不仅将社会视为一个总体，同时认为随着社会发展，社会结构也会从简单变为复杂，随之社会的各个组成部分也出现分化现象，但这些功能的整体作用会使各部分之间的联系增强，从而推动社会的进化。

二　唯物论与马克思唯物史观的创立

西方自然科学和唯物主义哲学的发展，沉重地打击了唯心主义和形而上学，不仅为马克思、恩格斯发现唯物史观提供了理论资源，而且为他们提供了与唯心主义做斗争的思想武器。

作为唯物史观创立者的马克思、恩格斯在新世界观创立之初就十分重视自然科学的研究成果，重视以往唯物主义哲学家的思想精华。

---

① 周晓虹：《西方社会学历史与体系》，上海人民出版社，2002，第 66 页。
② 〔英〕赫伯特·斯宾塞：《社会静力学》（节略修订本），张雄武译，商务印书馆，1996，第 228 页。

在《1844 年经济学哲学手稿》中，马克思指出 18 世纪地质学的成果具有十分重要的哲学意义，上帝创世说受到了地球构造学说的致命一击，在这里，马克思明确提出了哲学和自然科学相结合的必要性和可能性。几乎与马克思同时，恩格斯在《英国状况：十八世纪》中也指出，"各门科学在 18 世纪已经具有了科学形式，因此它们便一方面和哲学，另一方面和实践结合起来了。科学和哲学结合的结果就是唯物主义（牛顿的学说和洛克的学说同样是唯物主义所依据的前提）、启蒙时代和法国的政治革命。科学和实践结合的结果就是英国的社会革命"。① 随后，在他们合写的《神圣家族》一书中，他们考察了 17 世纪英国唯物主义、18 世纪唯物主义同自然科学的密切关系，并明确指出 18 世纪法国的唯物主义是空想社会主义的理论来源，还指出："成熟的共产主义也是直接起源于法国唯物主义的。"② 可以说，自然科学的客观性和物质性以及唯物主义哲学是唯物史观创立的思想基础之一，也是促使马克思、恩格斯思想转变和发现唯物史的理论基础之一。

马克思曾是黑格尔的忠实信徒，但是随着马克思社会实践的深入，他的思想开始从唯心主义转向唯物主义，在这个过程中，费尔巴哈的唯物主义思想起到了重要的桥梁作用。在《路德维希·费尔巴哈和德国古典哲学的终结》一文中，恩格斯评价了费尔巴哈对他们思想转变的作用："我也感到我们还要还一笔信誉债，就是要完全承认，在我们的狂飙突进时期，费尔巴哈给我们的影响比黑格尔以后任何其他哲学家都大"，"他在好些方面是黑格尔哲学和我们的观点之间的中间环节"。③ 费尔巴哈作为一名唯物主义者，他

① 《马克思恩格斯全集》第 1 卷，人民出版社，1956，第 666~667 页。
② 《马克思恩格斯全集》第 2 卷，人民出版社，1957，第 167 页。
③ 《马克思恩格斯选集》第 4 卷，人民出版社，2012，第 218 页。

通过对宗教的世俗内容的研究，一针见血地指出宗教是对人的精神的异化，宗教的本质不是神的本质，而是人的本质。哲学所研究的问题应该是实际的、有限的、确定的存在，他指出："思维与存在的真正关系只是这样的：存在是主体，思维是宾词。思维是从存在而来的，然而存在并不来自思维。"① 存在的本质是自然的本质。通过对宗教的批判，费尔巴哈挑战了唯心主义思辨哲学的统治地位，在德国的思想界重新确立了唯物主义的权威。费尔巴哈的唯物主义思想及对宗教和思辨哲学的批判直接影响了马克思，促使他批判黑格尔，转向唯物主义。在《德法年鉴》时期，他已经开始站在唯物主义立场上指出批评家应该从现实本身出发。通过对宗教的批判，马克思开始了对现实社会的批判。正是马克思的这一认识促使他从政治批判转向了经济研究。通过对政治经济学的深入研究，马克思发现费尔巴哈虽然使唯物主义重登王座，但是他没有研究政治经济学，因此始终停留在哲学领域，这就使费尔巴哈的唯物主义始终是半截子唯物主义，在社会历史问题上，他还是一个唯心主义者。在批判青年黑格尔派将历史的发展归结为"自我意识"的唯心史观时，马克思揭示了物质生产在社会历史发展中的决定地位，指出历史的发源地不是在天上的云雾中，而是在尘世的粗糙的物质生产中，生产是以客观条件为前提的，"人并没有创造物质本身。甚至人创造物质的这种或那种生产能力，也只是在物质本身预先存在的条件下才能进行"。② 最终，马克思、恩格斯在《德意志意识形态》中开启了对青年黑格尔派唯心主义以及费尔巴哈唯心史观的彻底清算，创立了"新唯物主义"，明确指出他们所发现的唯物史观在于：

① 〔德〕路德维希·费尔巴哈：《费尔巴哈哲学著作选集》上卷，荣震华、李金山等译，商务印书馆，1984，第115页。
② 《马克思恩格斯全集》第2卷，人民出版社，1957，第58页。

"从直接生活的物质生产出发来考察现实的生产过程，并把与该生产方式相联系的、它所产生的交往形式，即各个不同阶段上的市民社会，理解为整个历史的基础；然后必须在国家生活的范围内描述市民社会的活动，同时从市民社会出发来阐明各种不同的理论产物和意识形式，如宗教、哲学、道德等等，并在这个基础上追溯它们产生的过程。"① 马克思通过创立唯物史观，使马克思主义哲学成为彻底的唯物主义世界观，从而克服了历史上一切旧唯物主义的不彻底性，以近乎完美的形式修补好唯物主义大厦的上层，将唯心主义彻底从其最后的避难所——社会历史中驱逐出去。

　　西方唯物主义哲学不仅是马克思、恩格斯创立唯物史观的思想来源，更是他们对抗形形色色的唯心主义及其他社会主义思想的理论武器。以海克尔为例，恩格斯在研究自然科学的发展状况时特别推崇海克尔的研究成果。在《反杜林论》一文中，恩格斯在反对杜林关于生命起源的论述时明确指出，相比于达尔文，"海克尔更大大前进了"②。针对杜林在遗传和进化两个问题上的谬论，恩格斯引用了海克尔的观点进行驳斥，他认为海克尔是完全正确的，因为他正确区分了"适应"和"遗传"在物种发展过程中的不同作用。此外，虽然恩格斯在《自然辩证法》中也批判了海克尔唯物主义的不彻底性和局限性，但海克尔在自然科学及哲学上的贡献使其科学成果成为马克思恩格斯唯物主义世界观的组成部分。1909 年，列宁在《唯物主义和经验批判主义》中对海克尔进行了高度评价，并在该书的最后一章用专门的一节来阐释海克尔的思想。列宁首先批判了马赫的唯心主义，认为自然科学与唯物主义具有高度的一致性，他认为在这方面，

---

① 《马克思恩格斯全集》第 3 卷，人民出版社，1960，第 42~43 页。
② 《马克思恩格斯选集》第 3 卷，人民出版社，2012，第 449 页。

海克尔树立了典范。① 总而言之，马克思、恩格斯在继承西方唯物主义理论精华的基础上创立了唯物史观，揭示了人类社会发展的规律，使社会主义从空想变成了科学。

第二节　唯物主义在中国的早期传播

唯物主义为马克思、恩格斯创立唯物史观提供了思想资源，其在中国的早期传播则为唯物史观传入中国并传播扫清了障碍，奠定了基础。西方唯物主义思想传入中国后，大体在中国形成了两次传播高潮，第一次是甲午战争之后，第二次是新文化运动时期。

甲午战争之后，特别是科举废除后，在教育改革和报刊媒介的推动下，唯物主义思想开始出现在新式教育和报刊文章之中。以严复为代表的留学生群体开始将西方哲学的最新成果特别是有关唯物主义的论著系统译介到中国。严复在英国留学时期正是实证主义在英国流行之时。在思想上受到实证主义洗礼的严复回国后开始了对这一思想的译介，但他的译介并非全盘翻译，而是有侧重点，如他主要介绍了赫胥黎的进化论，斯宾塞的归纳法、社会达尔文主义，以及穆勒的认识论和逻辑思想。在严复等的推动之下，穆勒、斯宾塞、孔德等人的思想大规模译介和传播到国内。1903 年，《湖北学报》刊登的《现今欧美教育百杰传》系列文章就介绍了穆勒的生平，

① "唯物主义和自然科学完全一致，认为物质是第一性的东西，意识、思维、感觉是第二性的东西，因为以明显形式表现出来的感觉只和物质的高级形式（有机物质）有联系，而'在物质大厦本身的基础中'只能假定有一种和感觉相似的能力。例如，著名的德国自然科学家恩斯特·海克尔、英国生物学家劳埃德·摩根等人的假定就是这样，至于我们上面讲的狄德罗的猜测就更不用说了"，他进一步指出："如果我们把著名的自然科学家恩斯特·海克尔和（在反动市侩中间）享有盛名的哲学家恩斯特·马赫作个比较，那么我们就可以看得更加清楚了。"参见《列宁全集》第 18 卷，人民出版社，2017，第 39、365 页。

列举了他的代表性著作①。《新民丛报》《中国新报》也陆续介绍了穆勒的"议院政治论""代议政体论"等思想。此外，继严复在《国闻汇编》译介《斯宾塞尔劝学篇》后，曾广铨和章炳麟也在《昌言报》上刊登了《斯宾塞尔文集》，《译书汇编》《翻译世界》《新民丛报》《教育世界》等报刊相继用大量篇幅译介了斯宾塞的政治哲学、宗教进化理论，还刊登了斯宾塞的遗像和传略。《北洋官报》在《斯宾塞尔传略》中称斯宾塞为"近世第一之哲学大家"，他"著述宏富"，著有"生物学原论、心理学原论、社会学原论、礼义论、政体论、族制论、伦理学原论"等，文章对斯宾塞进行了高度评价，认为："十九世纪中发达最著者，为进化论及电气应用之精巧与普及，而为进化论之前驱，且为今日确实科学研究之基础者，实彼达尔文及斯宾塞尔之功也，后之倡进化论而图改良政治、法律、经济、宗教者，无一非祖述两氏，世界各国莫不蒙福，其功伟哉。"② 总体上，这个阶段唯物主义思想传播高潮主要以严复为中心，以穆勒、斯宾塞和孔德等人的思想为主要内容。虽然严复系统地将西方唯物主义思想介绍到中国，但当时其影响力主要限于知识阶层。

第二次传播高潮则兴起于新文化运动时期。在社会范围内，以封建迷信为代表的唯心主义思想在袁世凯"尊孔复古"逆流的推动下仍然十分活跃。面对迷信思想的嚣张气焰，五四新文化学人高举科学主义的大旗展开了坚决斗争，以唯物主义为代表的科学思想成为他们重要的理论武器。当时很多著名的报刊如《新青年》《建设》《学灯》《东方杂志》等是时人宣传唯物主义的重要阵地。在新文化运动的推动下，唯物主义再次迎来了传播高潮。以一元论哲学的提倡者海

---

① 参见《现今欧美教育百杰传：穆勒》，《湖北学报》1963 年第 1 卷第 12 期。
② 《斯宾塞尔传略》，《北洋官报》第 184 期，1903，第 16 页；《斯宾塞尔传略》，《北洋官报》第 185 期，1903，第 14 页。

克尔为例，早在清末海克尔的思想就已经被引入国内，如鲁迅曾编译《宇宙之谜》的第五章。新文化运动后，海克尔的著作再次成为知识界争相译介的对象，《新青年》更是译介海克尔著作的重要阵地。马君武首先翻译了该书的前三章，分别发表在《新青年》第2卷第3、4、5期上，此后他于1920年将该书全部译出，并以《赫克尔一元哲学》为题由中华书局出版。在翻译之初，马君武指出："赫克尔为达尔文后最有名之进化论学者。达尔文发明进化学说，赫克尔为赞助此论最有力之一人。晚年复本进化论创一元哲学，于哲学界放一异彩。德国近顷各处立一元学会。欲以此代宗教，其势极盛，吾国至今尚鲜知赫克尔名者，诚吾学界至大之耻也。"[1] 马君武对该书评价甚高，他说："吾译此书，吾甚期望吾国思想界之有大进化也。"[2] 该书出版后，在学界引起了很大的反响，邵力子在《民国日报》副刊《觉悟》上专门对该书进行了推介，他指出："此书，一名《世界之谜》，乃根据近世自然科学之实验与智识，以解释世界中最难解决的各问题。所谓一元论者，乃认此世界为一物质，上帝与自然界同为一物，物体与精神不可分离，与二元论者认上帝为超于世界之上者有别。此为自然科学与哲学融合的唯一名著。"[3] 马君武曾在《新青年》上刊登其翻译的《宇宙之谜》前三章，但由于与陈独秀意见不合，他终止了与《新青年》的稿约。虽然马君武终止了对《新青年》的供稿，但《新青年》没有停止对海克尔著作的译介。马君武之后，陈独秀亲自翻译了《世界之谜》第二十章，并以《科学与基督教》为名刊登于《新青年》第3卷第6、7期。此后，胡嘉、吴康、古应芬等人也翻译了海克尔的著作，并发表在《学灯》《新潮》《建设》等杂志上。

---

[1] 《赫克尔之一元哲学》，马君武译，《新青年》1916年第2卷第2期。

[2] 《赫克尔一元哲学》，马君武译，中华书局，1921，第1页。

[3] 《介绍新刊：赫克尔一元哲学》，《民国日报·觉悟》1920年第9卷第3期，第3页。

海克尔及其思想在中国学界的流行，一方面是五四新文化学人希望用海克尔的一元宇宙观对抗当时的迷信活动。例如，古应芬明确指出他译介海克尔的著作是因为"吾国科学未盛，迷信尚存"。[①] 朱执信指出："现在有一班人，想把神秘主义的东西来掺在知识里头，把世间有为的事神的现象，来跟随他的思维，那就不敢赞成……拿海凯尔的话来对付他，已经是全力博免了。"[②] 胡汉民在给马君武的信中写道："进化论的学说第一个好处，就是能够实实在在打破世人的糊涂思想。这两年中国人才稍稍有知识欲的要求，而那些灵学鬼学，还乘着向来社会生理的弱点——病的心理——在那里胡闹，真是思想界的一个障碍物，非把他推陷廓清不可。我前次的信请把达〔尔〕文、赫克尔两人的书拣些介绍到杂志上，就是为此。"[③] 陈独秀指出："近来一元哲学，自然文学，日渐发达，一切宗教的迷信，虚幻的理想，更是抛在九霄云外。"[④] 另一方面也反映出五四新文化学人对唯物主义哲学的信服和支持。例如，刘文典认为中国思想界的弊病，"除了唯物的一元论，别无对证〔症〕良药"。[⑤] 胡嘉非常赞同刘文典在学界推广唯物主义一元论的观点，指出："我近来根据一种自信，觉得为求学问而求学问和为社会而求学问都是很要紧的，非同时双方并进不行。所以我除去哲学以外，并想做一番研究赫克尔的工夫。我觉得介绍他至少有提倡科学和破除迷信二种好处。这二种为中国之病根与否，已成定论。刘叔雅先生说得好，要除中国的病根，非多介绍唯物的一元论不行。我仅根据这句话竭力鼓动我的意志，作不断的介绍。"[⑥] 他

---

① 古湘芹：《精神不灭论》，《建设》1919 年第 1 卷第 2 期，第 333 页。

② 《通信》，《建设》1919 年第 1 卷第 4 期，第 840 页。

③ 《通信》，《建设》1919 年第 1 卷第 4 期，第 835 页。

④ 《陈独秀著作选编》第 1 卷，上海人民出版社，2009，第 359 页。

⑤ 刘叔雅：《灵异论》，《新青年》1919 年第 6 卷第 2 期。

⑥ 《赫克尔之原始生殖说》，《学灯》1922 年 4 月 7 日，第 1 版。

还称海克尔为唯物论中第一人。范寿康认为海克尔"将唯物论的哲学集了大成,他著了《世界的谜》,他解释世界的谜都用唯物论的见解"。①

第三节 唯物主义理念的理论中介作用

关于社会历史观的"唯物论原则",列宁在《唯物主义和经验批判主义》一文中进行了经典的论述,列宁认为马克思主义从一般唯物主义的物质决定意识、物质第一性的逻辑出发,将唯物主义的这一基本性质贯彻到社会历史领域,指出人类社会也具有客观的"物质性",社会存在决定社会意识。正如列宁所指出的,在唯物史观的传播过程中,无论是美日的学者还是中国唯物史观早期传播者都是从这一逻辑出发来理解和传播唯物史观的。

一 国外学者的唯物史观认识及影响

从自然的物质一元论的逻辑出发推导出经济一元论,从而揭示人类社会发展的根本动因,是唯物史观早期传播者的基本阐释逻辑。这一逻辑最初体现在唯物史观在中国传播的理论来源和思想资源上。其中塞利格曼的《经济史观》是日本翻译出版的第一部有关马克思唯物史观的书,也是中国译介的第一本介绍马克思唯物史观的专著。在该书中,塞利格曼认为马克思的唯物史观已经超越了自然界中的唯物主义,马克思的学说研究社会变迁的原因,与唯物主义自然观相类似,马克思认为人类社会的"物质本源"就是经济,因此,塞利格曼认为将这一理论称为唯物史观或历史的唯物论是不确切的,"如果

---

① 范寿康:《最近哲学之趋势》,《民铎杂志》1920年第2卷第3期,第3页。

把唯物论看做拿物质的原因来解释所有的变迁，那么生物史观也是唯物的了。再则以为社会里的变迁，都是由于气候的影响和动植物的性质的学说，也是唯物的了。其实这样的学说和我们所讨论的，很少相同之点。我们所要讨论的学说不惟是唯物的，并且是经济的；所以与其叫做'唯物史观'，不如叫做'经济史观'"。① 他认为马克思的新史观不仅是唯物的，而且是经济的，因为普通的人生现象以及社会生活现象都需要用经济因素来说明，个人道德也受到经济的制约。

除了塞利格曼外，中国早期唯物史观传播者的另一个重要思想资源来自日本，特别是河上肇的思想。河上肇侧重于从经济史观的视角出发阐释唯物史观，并将物质一元论进一步发展为经济一元论。在渊泉翻译的《马克思的唯物史观》一文中，河上肇首先明确指出，他认为马克思的社会主义思想有两大"根柢"："其一是历史观，其一是经济论"。关于经济论，河上肇指出马克思的历史观"普通称他为唯物史观，我想称他为经济史观"，他从经济一元论出发，指出唯物史观名称的来源，是因为马克思"说明社会上历史的变迁，注重在社会上物质条件的变化"，之所以又将其称为"经济史观"，是因为在他看来，"观察社会上历史的变迁，以物质的条件，更适切说起来，以经济的事情为中心，这就是马克思历史观的特征了"。② 关于马克思的历史观，河上肇认为可以称之为"社会组织进化论"。在河上肇看来，由于社会变迁的根本原因在于"经济事情的变动"，而在经济中"根本的重要的东西"为"社会的生产力"，因此"马克思的经济史观，毕竟是关于社会组织与社会生产力的一个学说"。③ 河上

① 〔美〕塞利格曼：《经济史观》，陈石孚译，商务印书馆，1926，"绪论"，第3~4页。
② 〔日〕河上肇：《马克思的唯物史观》，渊泉译，《新青年》1919年第6卷第5期，第514页。
③ 〔日〕河上肇：《马克思的唯物史观》，渊泉译，《新青年》1919年第6卷第5期，第515页。

肇还提出了著名的唯物史观公式，并在翻译马克思《〈政治经济学批判〉序言》的基础上对其进行了阐释。其唯物史观公式包含两个部分，第一个部分是人类之精神文化之经济的说明；第二个部分是社会组织之经济的说明，其中第二个部分是"马克思唯物史观更重要的公式"。① 河上肇指出社会组织进化论分为六个层次。第一，把一切社会现象都看作"进化论的"思想，"把这个适用到社会组织上面去，就是一切社会组织都是进化的东西，这个思想，换句话说就是无论哪种社会组织决没有永世不变的"。第二，社会的物质生产力和社会组织之间存在适应关系，社会组织会随着社会物质生产力的变动而变动。第三，不能呆板地认识社会物质生产力与社会组织之间的适应关系，社会的物质生产力具有"流动性"，而社会组织在一定时期内具有"固定性"。第四，社会物质生产力与社会组织之间的变动可以分为前后两期，在第一期中，社会组织与社会物质生产力正相调和，社会组织有益于生产力的发展；到了第二期，社会物质生产力发展到一定程度，但社会组织没有变化，社会组织便会阻碍生产力的发展。第五，社会是由两个不同利益的阶级所组成的，只有主张打破现存社会组织的阶级在阶级斗争中取得胜利才能实现社会组织的变更。第六，社会组织的变更是通过阶级斗争来实现的，河上肇将其称为马克思的"社会观"或"阶级斗争学说"。②

国外学者对马克思唯物史观的经济解读在一定程度上影响了中国唯物史观早期传播者对唯物史观的理解。李大钊、胡汉民、戴季陶、朱执信、李汉俊等在传播唯物史观时都或多或少借鉴或引用了国外学

---

① 何崧龄：《唯物史观中所谓"生产""生产力""生产关系"的意义》，《学艺》1922 年第 4 卷第 3 期。

② 〔日〕河上肇：《见于"共产党宣言"中底唯物史观》，施存统编译《社会经济丛刊》（一），泰东图书局，1922，第 5~7 页。

者的观点。其中，对他们影响最大的是河上肇，李大钊在《我的马克思主义观》第五部分讨论唯物史观时，明确标明其摘录的《哲学的贫困》、《共产党宣言》和《经济学批评》序文（即《〈政治经济学批判〉序言》）内容都来自河上肇。① 高一涵也曾说李大钊接触马克思主义"就是通过河上肇博士的著作"②。胡汉民在《唯物史观批评之批评》中也解释自己的观点"本河上肇的解说"。③ 此外，朱执信发表在《民报》上讨论社会主义的论文中也明确表示自己参照了河上肇的思想。④ 徐苏中翻译了河上肇的《见于资本论的唯物史观》，后又转译河上肇译自恩格斯的《社会主义从空想到科学的发展》第三章，并根据河上肇的译文，将其命名为《科学的社会主义与唯物史观》。⑤ 此外，塞利格曼的《经济史观》也在一定程度上影响了中国唯物史观早期传播者。塞利格曼的《经济史观》由陈石孚翻译并于 1920 年由商务印书馆出版。事实上，河上肇对唯物史观的经济解读也是受到此书的影响。该书的日译本由河上肇翻译，并以《新史学》为名，1905 年在日本出版，这也是日本出版的第一部解读马克思唯物史观的书。⑥ 该书进入中国后，立即受到时人的高度评价。例如，陈石孚在"译者缀语"中指出，我国向来无研究经济史观的"专书"，虽然报刊时有论及，但总归片面，"爰

---

① 李大钊：《我的马克思主义观》，《李大钊全集》第 3 卷，人民出版社，2013，第 14 页。
② 高一涵：《回忆五四时期的李大钊同志》，中国社会科学院近代史研究所编《五四运动回忆录》上册，中国社会科学出版社，1979，第 340 页。
③ 胡汉民：《唯物史观批评之批评》，《建设》1999 年第 1 卷第 5 期，转引自钟离蒙、杨凤麟编《中国现代哲学史资料汇编》第 1 集第 8 册，辽宁大学哲学系，1981~1982，第 174 页。
④ 朱执信：《德意志社会革命家小传》，《民报》1906 年第 2 期。
⑤ 瞿磊：《〈建设〉杂志对马克思学说的介绍与研究》，硕士学位论文，湖南师范大学，2003，第 4 页。
⑥ 〔日〕河上肇：《河上肇自传》上，储元熹译，商务印书馆，1963，第 111 页。

译是书，以为研究哲学、历史、经济诸学者一助焉"。① "这本书在20年代中国人对唯物史观的理解中起了重要作用，它不但为宣传唯物史观者多利用，亦为反对唯物史观者利用。"② 李大钊也在许多文章中提及塞利格曼，其中在《唯物史观在现代史学上的价值》一文中更是明确表示赞同塞利格曼将马克思的历史观称为经济的历史观。③

二　从物质一元论到经济一元论

唯物论科学主义的传播也是中国唯物史观早期传播者接受和宣传唯物史观的理论前提和理论中介。接受过新式教育或受过科学思潮影响的唯物史观早期传播者，都坚信世界是由"物质"构成的，拥有唯物主义的世界观。因此，对于唯物史观的彻底的唯物主义一元论的世界观，他们具有天然的好感。唯物史观不仅为他们理解社会历史提供了新的视野和思路，而且为"中国向何处去"指明了出路。

（一）早期马克思主义者

在科学主义思潮的影响下，唯物论哲学成为早期马克思主义者接受唯物史观的理论前提。接受了科学主义思潮洗礼的陈独秀在传播唯物史观之前就是坚定的科学主义一元论的支持者，他坚信世界是由"物质"构成的，并把现实看作运动的物质，他指出日月星辰、地质运动、宇宙万物都是物质的存在且都遵循着一定的"科学法则"，人类也是一种物质的存在，"人类也是自然界一种物质，没有甚么灵

---

① 〔美〕塞利格曼：《经济史观》，陈石孚译，商务印书馆，1926，第7~8页。
② 赵利栋：《略论20世纪20年代中国马克思主义的思想资源》，载中国社会科学院近代史研究所编《中国社会科学院近代史研究所青年学术论坛（2003年卷）》，社会科学文献出版社，2005，第580页。
③ 具体参阅李大钊《唯物史观在现代史学上的价值》，《李大钊全集》第3卷，人民出版社，2013，第274~280页。

魂；生存的时候，一切苦乐善恶，都为物质界自然法则所支配；死后物质分散，另变一种作用，没有联续的记忆和知觉"。① 人类的"感觉""幻觉"等意识也是有物质来源的。他指出："宇宙间万象森罗中，有客观的实质和主观的幻觉两种"，"实质有对镜"，而"幻觉无对镜"，有对镜的实象是"不随吾人主观改变的"。② 陈独秀既是唯物主义的坚定支持者，也是实证主义的信徒。他认为我国自周汉以来就形成了重"虚玄"薄"实际"的传统。"今日之社会制度，人心思想，悉自周汉两代而来——周礼崇尚虚文，汉则罢黜百家而尊儒重道。——名教之所昭垂，人心之所祈向，无一不与社会现实生活背道而驰。""倘不改弦而更张之，则国力将莫由昭苏，社会永无宁日。"③对此，他指出只有科学实证才能清除这种现象。近代欧洲正是因为受到"约翰弥尔"（J. S. Mill，即穆勒）的"实利主义"和"孔特"（Comte，即孔德）的"实证哲学"的思想洗礼，"人心之思想为之一变"。④ 因此，他十分推崇孔德和穆勒两位实证主义哲学家，在文章和演讲中多次提及孔德⑤，还对约翰·穆勒的逻辑学说了熟于胸。他不仅仔细阅读过严复翻译的《逻辑体系》一书，认为"侯官严氏所译《名学》"为所有译本中"最著称者"，而且还阅读了英文原版，

① 陈独秀：《人生真义》，《陈独秀著作选编》第 1 卷，上海人民出版社，2009，第 385 页。
② 陈独秀：《答莫等（鬼相之研究）》，《陈独秀著作选编》第 1 卷，上海人民出版社，2009，第 449 页。
③ 陈独秀：《敬告青年》，《陈独秀著作选编》第 1 卷，上海人民出版社，2009，第 162 页。
④ 陈独秀：《敬告青年》，《陈独秀著作选编》第 1 卷，上海人民出版社，2009，第 161 页。
⑤ 在《答佩剑青年（孔教）》中指出："法社会学者孔特，分人类进化为宗教，哲学，科学，三大时期。"在《近代西洋教育——在天津南开学校演讲》中进一步指出："孔特分人类进化为三时代：第一曰宗教迷信时代，第二曰玄学幻想时代，第三曰科学实证时代。欧洲的文化，自十八世纪起，渐渐的从第二时代进步到第三时代，一切政治，道德，教育，文学，无一不含着科学实证的精神。"参见陈独秀《答佩剑青年（孔教）》，《陈独秀著作选编》第 1 卷，上海人民出版社，2009，第 311 页；陈独秀《近代西洋教育——在天津南开学校演讲》，《陈独秀著作选编》第 1 卷，上海人民出版社，2009，第 359 页。

他在给读者吴勤的回信中指出:"习英文二三年者,宁读原书,不用严译也。"①

陈独秀转变为马克思主义者后,唯物主义和实证主义成为他理解和传播唯物史观的重要桥梁。首先,他认为客观的物质性是科学社会主义与空想社会主义之间的重要区别之一,他指出:"我以为在社会底进化上,物质的自然趋向底势力很大,留心社会改造底人万万不可漠视这种客观的趋向,万万不能够妄想拿主观的理想来自由改造。"②其次,他认为科学的方法论也是科学社会主义与空想社会主义的重要区别之一。他指出马克思的社会主义是由科学方法证明社会不安定的原因在于社会经济制度出现了危机,因此"马格斯以后的社会主义是科学的是客观的是建设在经济上面的"。③他将马克思的两大精神归结为实际研究的精神和实际活动的精神,并指出"欧洲近代以来自然科学证实归纳法,马克思就以自然科学的归纳法应用于社会科学",正是因为马克思运用归纳法搜集了许多社会上的事实,并一一证明了其原理和学说,所以现代人都称马克思的学说为"科学的社会学","因为他应用自然科学归纳法研究社会科学","马克思所说的经济学或社会学,都是以这种科学归纳法作根据,所以都可相信的,都有根据的"。④他认为相比其他社会主义,马克思的共产主义的第一个原则就是要有科学的根据,"根据社会之历史的进化和现社

① 陈独秀:《答吴勤》,《陈独秀著作选编》第1卷,上海人民出版社,2009,第190页。西方近代的实证主义最早由严复将其作为一种科学方法系统介绍到中国,其中严复直接翻译的早期实证主义方法论著作是穆勒的《逻辑体系》和耶方斯的《名学浅说》。这里陈独秀所说的《名学》指《逻辑体系》,原名为"A System of Logic"。

② 陈独秀:《答郑贤宗(国家、政治、法律)》,《陈独秀著作选编》第2卷,上海人民出版社,2009,第293页。

③ 陈独秀:《社会主义批评——在广州公立法政学校演讲》,《陈独秀著作选编》第2卷,上海人民出版社,2009,第338页。

④ 陈独秀:《马克思的两大精神》,《陈独秀著作选编》第2卷,上海人民出版社,2009,第453页。

会的经济文化状况种种的客观境界，不是空中楼阁主观的幻想"。他认为只有马克思的唯物史观才是社会改造的指导思想，只有客观的物质上的改造才是真正的改造。在对比了基尔特社会主义、无政府主义、工团主义和共产主义四种社会主义后，他再次重申"以马克思派科学社会主义为最好"，"马克思的社会主义是注重客观的事实，不是主观的理想的；他不独要有改造的必要，还要有改造的可能"。①

　　科学主义思想也是李大钊转向唯物史观的重要媒介。首先，李大钊认为从唯物史观的形成和发展历史来看，它是科学发展的产物，是自然科学的方法应用到历史研究的结果。从历史渊源来看，一方面，唯物史观是科学研究范式由部分向整体转变的产物。李大钊指出"关于人生的学问"，为"分功［工］起见"，不得不分成多种专门的学问，"以求深造"，因此自培根始，他把学问分为"历史"、"诗"和"哲学"三大类，培根之后，孔德、斯宾塞、冯德（即冯特·威廉）等人都有各自另立的分类。学问"虽贵乎专，却尤贵乎通。科学过重分类，便有隔阂难通之弊"，"这种的历史观，只能看出一部分的真理而未能窥其全体"。② 因此，李大钊认为虽然专门的分类研究很重要，但是"相互的关系也应知道"。③ 因为人类的社会生活是一个整体，是"种种互有关联、互与影响的活动"，因此人类的历史，不应该只是分类的历史，如政治史、法律史等，而应该"包含一切社会生活现象，广大的活动"，而唯物史观就是科学研究领域克服分科研究的产物，是"在这互有关联、互与影响

---

① 陈独秀：《关于社会主义问题——在广东高师的讲演》，《陈独秀著作选编》第 3 卷，上海人民出版社，2009，第 83~84 页。

② 李大钊：《史学与哲学》，《李大钊全集》第 4 卷，人民出版社，2013，第 198 页；李大钊：《唯物史观在现代史学上的价值》，《李大钊全集》第 3 卷，人民出版社，2013，第 275 页。

③ 李大钊：《史学与哲学》，《李大钊全集》第 4 卷，人民出版社，2013，第 198 页。

的社会生活里",对"社会进展的根本原因"的解答。① 另一方面，唯物史观是"科学日进"，史学界"渐放曙光"的产物。李大钊认为古昔的历史观，"大抵宗于神道，归于天命，而带有宗教的气味"，无论是伟人的历史观、圣贤的历史观、王者的历史观、英雄的历史观、道德的历史观、教化的历史观，均与神权的历史观、天命的历史观有密切相依的关系，都将国家的治乱兴衰和人生的吉祥祸福归结于神定的法则和天命。到了近代，自然科学不断发展进步，如 19 世纪自然科学的三大发现——能量守恒和转化定律、细胞学说和生物进化学说等揭示了自然界的发展规律。自然科学的发展和发现启发了一些哲学家和历史学家，他们开始从客观存在中寻找人类历史发展的规律和法则。"康德之流已既想望凯蒲拉儿、奈端其人者诞生于史学界，而期其发见一种历史的法则，如引力法则者然。厥后名贤迭起，如孔道西，如桑西门，如韦柯，如孔德，如马克思，皆以努力以求历史法则之发见为己任而终能有成。"② 直到马克思才真正发现了如自然科学发现因果律一样的人类社会的法则——唯物史观，"经济构造是社会的基础构造，全社会的表面构造，都依着他迁移变化"。而这经济的最高动因，在马克思看来为"物质的生产力"，从客观存在的物质出发解释了人类社会的过去、现在和未来发展变化的因果关系。③

其次，李大钊认为，唯物史观是唯物的，与唯心的历史观相对立。李大钊认为，18 世纪和 19 世纪前半期的历史学者，"研究历史

---

① 李大钊：《唯物史观在现代史学上的价值》，《李大钊全集》第 3 卷，人民出版社，2013，第 275 页。

② 李大钊：《史观》，《李大钊全集》第 4 卷，人民出版社，2013，第 319~320 页。

③ 李大钊：《唯物史观在现代社会学上的价值》，《李大钊全集》第 4 卷，人民出版社，2013，第 439 页。

原因的问题的人很少"，即使有些学者做了研究，也是把一些表象的存在当作本源进行分析，例如，从宗教出发解释历史的学者没有注意到"与其把宗教看作原因，不如把他看作结果"，没有研究宗教为何会随着环境的变化而变化；从政治出发解释历史的学者没有注意到社会发展由专制到民主的变动，"不是初级的现象，乃是次级的现象"。他们这种历史解释的方法从根本上就是本末倒置，因为他们没有认识到"心的变动常是为物的环境所支配"。这种历史观从根本上是为统治阶级服务的。一方面，它用神学的方法记述王公世爵纪功耀武之事，将他们置于超自然的权力保护之下，从超自然的天命出发解释一切历史事件，"买此辈权势阶级的欢心"；另一方面，"把个人的道德的势力，全弄到麻木不仁的状态"，"使一般人民老老实实的听他们的掠夺"，充当"权势阶级愚民的器具"。但唯物史观与唯心的历史解释完全不同。其一，唯物史观的目的是"得到全部的真实"，是对"社会进化的研究"，是对人类社会的根本解答，"社会进展的根本原因究竟何在？人类思想上和人类生活上大变动的理由究竟为何？唯物史观解答这个问题，则谓人的生存，全靠他维持自己的能力，所以经济的生活，是一切生活的根本条件"。其二，它不是愚民的器具。在方法上，唯物史观没有把"人当作一只无帆、无楫、无罗盘的弃舟"，而是"于人类本身的性质内求达到较善的社会情状的推进力与指导力"，没有"给人以怯懦无能的人生观"，而是"给人以奋发有为的人生观"，让人们知道"一切过去的历史，都是靠我们本身具有的人力创造出来的，不是那个伟人、圣人给我们造的，亦不是上帝赐予我们。将来的历史，亦还是如此"。① 因此，李大钊在《唯物史观在现代史学上的

---

① 李大钊：《唯物史观在现代史学上的价值》，《李大钊全集》第 3 卷，人民出版社，2013，第 275~280 页。

价值》中明确将唯物史观的名称更正为"经济史观",他指出唯物史观有四种名称在学者间通用,即①历史之唯物的概念、②历史的唯物主义、③历史之经济的解释、④经济的决定论。他认为第一和第二个名称"泛称物质,殊与此说的真相不甚相符",它们只是对历史之经济的解释,"若以'物质'或'唯物'称之,则是凡基于物质的原因的变动,均应包括在内,例如历史上生物的考察,乃至因风土、气候、一时一地的动植物的影响所生的社会变动,均应论及了",第四个解释又颇有定命论和宿命论之嫌,相比之下,李大钊认为,只有"经济史观"妥当些。①

除了陈独秀、李大钊外,早期马克思主义者如李达、杨匏安等人也认为唯物史观是唯物主义原则应用到社会历史领域的集大成者。李达从社会概念出发,从社会与自然环境的互动中推导出经济关系是社会关系的基础。他指出社会是一个系统,是一个包括人类间一切经常相互关系的系统。在这个系统中,"社会是受'自然'所围绕的,社会能否存在,就看社会能否适应自然环境。社会要维持生存,首先要从自然界取得生活资料。要向自然界取得生活资料,那人类在经济范畴内的经常相互关系便成立起来,其他政治的法律的道德的种种经常相互关系,才能有所依据"。② 此外,从进化论的角度来看,"物质的诸要素中,最能影响于社会之进化而成为根本动力者厥为经济的要素。盖物质的诸要素中最能变化最能发达者,莫如经济的要素,其他如人种地理气候等类物质要素,变化甚少,变化甚少之物质要素,对于社会当不起大变化也"。③ 李达认为马克思主义理论体系包含三个

---

① 李大钊:《唯物史观在现代史学上的价值》,《李大钊全集》第 3 卷,人民出版社,2013,第274页。

② 李达:《社会之基础知识》,《李达文集》第 1 卷,人民出版社,1980,第498页。

③ 李达:《空想的社会主义与科学的社会主义》,《李达文集》第 1 卷,人民出版社,1980,第370页。

相互关联的层次，第一个层次是作为认识论的"辩证唯物论"，第二个层次是"唯物论的自然观"，第三个层次是"唯物论的历史观"。其中"唯物论的自然观"和"唯物论的历史观"是唯物论在自然领域和历史领域的应用，二者使自然科学和社会科学有机联系在一起，从而构成了一个整体。① 杨匏安在《世界学说：马克斯主义》中从经济角度解读唯物史观。他指出唯物史观，"盖由实在一元论而生之历史自然科学的观察，更傅以革命色彩者也。其历史的根源，不在天之创成，而归之地之生产，以技术及经济的因子，为一切政治及精神上之历史原动"。② 他进一步指出，社会生活的实体是经济。经济是基础，法律、政治等为建筑。其中经济现象的本质，是社会生活的物质。唯物史观在内容上有两个要点，其中之一是"关于人类文化的经验之说明"，"说谓人类社会生产机关的总和，构成社会经济的构造，此实为社会之基础构造"。③

（二）早期国民党人

当然，唯物论不仅是早期马克思主义者将唯物史观解读为经济决定的理论基础，也是早期国民党先进分子传播唯物史观的理论前提。在传播唯物史观之前，早期国民党先进分子基本都确立了唯物主义的世界观。早期国民党人朱执信将自然科学的成果作为自己哲学思想的基础，他认为世界的本质是物质的，精神是物质发展的结果，不能脱离物质而存在，人类的认识是从经验和学习中得来的。他认为地球上

---

① 例如，李达认为："当作世界观看的唯物辩证法，当作自然科学与社会科学的成果之普遍化的概括看的唯物辩证法，其中包含着两个部分，两个领域，即唯物论的自然观（＝自然辩证法）与唯物论的历史观（＝历史辩证法）……在这种意义上，唯物论的自然观与唯物论的历史观，是唯物辩证法与自然诸科学即社会诸科学之间的媒介的环。"参见李达《当作科学看的历史唯物论》，《李达全集》第11卷，人民出版社，2016，第139～140页。

② 杨匏安：《世界学说：马克斯主义》，《杨匏安文集》，中央文献出版社，1996，第168页。

③ 杨匏安：《世界学说：马克斯主义》，《杨匏安文集》，中央文献出版社，1996，第170页。

的生物，包括人类都是物质（自然界）不断演化的成果，这种演化包含两个方面，一个是无机物向有机物的演化，另一个是有机物自身的演化，即"从苔藓起进化成一个人"的过程。人类的产生也是生物进化发展的产物，"是从猴属发达来的"，"所自出之人猿"。① 在论述生物起源的同时，他还指出人类的精神也是物质的产物，"我们所讲的精神，是自然的结果"。② 在朱执信看来，精神必须依托物质才能存在。在《复查光佛函》一文中，朱执信针对查光佛所提出的"质力既有不灭之理，何于精神反云有灭"，"吾人精神，可不依附肉体而能常住不坏"等问题，朱执信明确指出物质不灭的思想，进而强调精神对物质的依赖性，有力地批判了神学唯心主义。他指出："佛教是蒙着婆罗门的影响，所以有六道轮回等等话头。其实过去现在未来这种时间观念，东西南北上下的空间观念，不特在佛教认为无明妄作分别，即在近代哲学者对之亦不免有所疑惑，而且个性的基础在于时间之联续和空间之互相排斥性，当然不生一种不灭之问题。……如果本来不一定依附物质，那就应该连他的苦乐也可以离脱物质。那些拿有形有色，能报恩怨，来解释不灭精神的神话，当然不能成立了。"③ 早期国民党人戴季陶接受了新式教育之后成为坚定的唯物主义信徒。他将"太一"视为宇宙的本体，认为天上的日月星辰以及地球的运动都是"太一"的表现："月卫地，地绕日，以及此外之日系诸星亦绕日也"，"星之运行，有自转公转之分。然其力同出于太一，亦一而已。"④ 他将"太一"看作"一"，宇宙间的万事万物都是它的表现，人类的出现也是自然发展的结果，"身之成，由

---

① 朱执信：《睡的人醒了》，《朱执信集》上册，中华书局，2012，第218、277页。
② 朱执信：《复查光佛函》，《朱执信集》上册，中华书局，2012，第451页。
③ 朱执信：《复查光佛函》，《朱执信集》上册，中华书局，2012，第450~451页。
④ 戴季陶：《人生论》，《戴季陶集》，华中师范大学出版社，1990，第97页。

乎纤维细胞，纤维细胞之生存，赖乎血轮"；人类的意识也是物质发展的结果，"人类活动根源为意志，意志之作用即灵魂，作用之发于物者也"。① 在确立了唯物主义的基本信仰后，早期国民党先进分子将唯物论作为武器，批判中国自古以来的唯心主义鬼神迷信及天命思想。例如，胡汉民十分推崇荀子的观点，认为荀子的天论"把天人感应之说，根本推倒"，他还十分赞扬王充在《论衡》中提出的宇宙观，他认为王充是用老子自然无为的"天"来批判意志主宰的"天"，破除了自董仲舒形成的"天人感应"的迷信，这种"大胆自由的思想发表，颇不易得"。② 确立了唯物主义世界观的早期国民党人在接受和传播唯物史观时也遵从从物质一元论到经济一元论的阐释逻辑，认为马克思的唯物史观在人类社会确立了经济一元论的历史观，解释了人类社会发展变化的根本动因。胡汉民指出："到马克思才努力说明人类历史的进动的原因。以为人类因社会的生产力而定社会的经济关系。以经济关系为基础，而定法律上、政治上的关系。更左右其社会个人的思想、感情、意见。其间社会一切形式的变化，都属于经济行程自然的变化。以此立经济一元论的历史观。"③ 由此可见，从经济角度来阐释唯物史观是时人的共同趋向。

从唯物史观理论自身来看，唯物主义理论是马克思、恩格斯创立唯物史观的重要思想和理论资源。马克思、恩格斯在转变为唯物主义和共产主义者之后，将唯物主义从自然哲学领域引申到社会历史领域，发现了制约人类社会发展的根本动因——生产力和经济基础，从而创立了彻底的唯物主义一元论，克服了历史上一切旧唯物主义的不彻底性，形成了新的世界观、历史观，而新的世界观、历史观也成为

① 戴季陶：《人生论》，《戴季陶集》，华中师范大学出版社，1990，第98页。
② 胡汉民：《中国哲学史之惟物的研究（续）》，《建设》1919年第1卷第4期。
③ 胡汉民：《唯物史观批评之批评》，《建设》1919年第1卷第5期。

指导无产阶级运动的思想武器。无论是西方唯物主义传播者，还是国内唯物史观早期传播者，在接受和传播唯物史观的过程中，在思想上都大致经历了从唯物主义支持者转变为唯物史观"经济决定论"的传播者这一逻辑转换。这一方面体现了唯物史观本身的科学性，另一方面则反映了唯物主义的科学理念在中国唯物史观传播早期的重要桥梁和中介作用。

第三章　科学的进化主义理念
　　与社会进化论

　　科学的进化主义理念也是中国先进分子选择和接受唯物史观的重要理论中介。社会进化论在中国的早期传播不仅为唯物史观的传播扫清了障碍，即改变了中国传统的变易史观，使时人开始接受线性进步的历史观，而且因二者在理论上的共通性，为先进分子接受唯物史观提供了重要的理论中介。与此同时，与社会进化论相比，唯物史观因为更具有合理性和解释力最终被中国先进分子所选择和接受。

第一节　社会进化论的早期传播

　　西方进化哲学在中国的传播过程以严复翻译《天演论》为界可以大体分为两个阶段。第一个阶段为《天演论》之前进化论思想的传播。在严复翻译《天演论》之前，达尔文的进化理论就已经进入了国人的视野。早期在传教士、洋务派以及一些开明先进分子的努力下，西方自然科学在中国的传播唤醒了国人对科学真理的认知。例如，物理学、数学和天文学等知识曾深刻地影响康有为、梁启超、谭嗣同等人，使他们的宇宙观开始发生转变。在这一时期，对时人影响最大的两本传播进化论思想的图书当数《地学浅释》和《十九世纪史》。《地学浅释》于1830年出版，在《自然辩证法》中恩格斯曾高度评价该书①，该书也是达尔文创立进化论的重要思想来源。赖尔去世后达尔文曾说道："我所做的一切，都应归功于学习研究了他的伟大著作。"② 1873 年该书由华蘅芳翻译介绍到中国，立马受到了国人的追捧。"此书翻译出版后曾多次翻刻，并被不少学校列为教科书，鲁迅在南京读书时曾手抄此书。康有为把它与《谈天》一起，列为《桂学问答》的西学卷首。书中有关石刀期、铜刀期、铁刀期的时代划分法也先后出现在康有为、章太炎的著作中。"③ 除了自然科学的译书外，社会科学的译书对于传播进化论也起到了至关重要的作用，代表性著作为 1880 年英国人罗伯特·麦肯齐的《十九世纪史》。该书是传播斯宾塞进化论思想的重要载体。该书 1894年由李提摩太翻译，以《泰西近百年来大事记》为题在《万国公报》上连载。随后又以《泰西新史揽要》为名，由上海美华书馆出版了单行本。该书出版发行之时，正值维新变法时期的学校改革，因此"销售数额打破了中国书业史的记录"。又因"此书宣扬的斯宾塞的进化论，恰恰正是让中国士子感到无比新鲜……因而，'最乏味的残余'成了中国'最风行的读物'也就不是偶然的了"。④ 在第一个阶段，只有零星的进化论思想内容被介绍到中国，传播范围只限于少数群体和地域。尽管如此，早期进化论思想的传播仍为其后《天演论》的广泛传播奠定了基础，提供了一个过渡和缓冲的阶段。

---

① "最初把知性带进地质学的是赖尔，因为他以地球的缓慢变化所产生的渐进作用，取代了由于造物主一时兴动而引起的突然变革。"《马克思恩格斯选集》第 3 卷，人民出版社，2012，第 853 页。

② 〔美〕罗伯特·B. 唐斯：《塑造现代文明的 110 本书》，金文英等译，天津人民出版社，1991，第 334 页。

③ 吴丕：《进化论与中国激进主义（1859—1924）》，北京大学出版社，2005，第 38 页。

④ 参见齐思和《中国史探研》，河北教育出版社，2000，第 674 页。

　　第二个阶段为《天演论》问世后进化论的传播。这一时期，在严复所译《天演论》的推动下，进化论思想逐渐发展为知识界的主流思想。在传播的内容上，进化论经历了从改良进化论到革命进化论再到互助进化论的发展历程。严复翻译出版《天演论》后，"进化"成为当时十分流行的名词，越来越多的知识分子特别是留学生群体开始以传播和研究进化论为己任。1899 年梁启超在《清议报》上发表《论近世国民竞争之大势及中国之前途》，此后又在《新民丛报》上发表《史学之界说》（第 3 期）、《论进步》（第 10、11 期）、《进化论革命者颉德之学说》（第 18 期）等。1901 年，中国留学生杨荫杭翻译了日本学者加藤弘之的《物竞论》并在《译书汇编》上连载，随后由译书汇编社出版了单行本。这些知识分子除了将国外有关进化论的图书译介到国内，还在中国传统进化思想的基础上进行了理论创新。例如，康有为将"公羊"的"三世"变易思想与西方进化论结合起来，创立了"公羊三世"的历史进化论，认为由"据乱世"到"升平世"再到"太平世"是人类社会发展的普遍规律。① 梁启超在其老师康有为"公羊三世"说的基础上提出了"三世六别"说。② 继梁启超之后，谭嗣同也提出了"两三世"说，他将康梁提出的三世进一步划分为"内卦之逆三世"与"外卦之顺三世"。③ 总之，这一时期进化论思想是中国先进分子变法维新的理论武器。维新变

① 康有为：《大同书》，华夏出版社，2022，第 4 页。
② "《春秋》张三世之义也！治天下者有三世：一曰多君为政之世，二曰一君为政之世，三曰民为政之世。多君世之别又有二：一曰酋长之世，二曰封建及世卿之世。一君世之别又有二：一曰君主之世，二曰君民共主之世。民政世之别亦有二：一曰有总统之世，二曰无总统之世。多君者，据乱世之政也；一君者，升平世之政也；民者，太平世之政也。此三世六别者，与地球始有人类以来之年限，有相关之理。"参见梁启超《论君政民政相嬗之理》，《中国哲学史资料选辑》（近代之部上），中华书局，1983，第 288~289 页。
③ 谭嗣同：《仁学》，《谭嗣同全集》，华世影印本，1977，第 87~88 页。

法失败后，资产阶级革命派又将革命思想与进化论相融合，形成了革命主义的进化论。例如，孙中山提出了"突驾"说，他认为虽然人类社会是进化发展的，但进化的顺序不是按部就班式的，人类社会的进化可以"后来居上"："夫人类之进化，当然踵事增华，变本加厉，而后来居上也。"① 在革命派看来，"革命就是进化"。② 革命是进化的手段，革命者是推动进化的主要力量。邹容明确指出："革命者，天演之公例也。革命者，世界之公理也。革命者，去腐败而存善良者也。"③ 陈天华也指出："宇宙各国，无不准进化之理。其所以雄飞突步，得有今日者，进化为之也，非自古而然，革命亦其一端。"④ 这一时期，革命进化论成为革命派革命实践的重要指导思想。但随着辛亥革命失败，国内军阀混战，国外欧战激化，进化论思想走向式微，开始与互助论相调和，一些革命派开始将互助论融合到革命进化论中。例如，章太炎提出了"俱分进化论"和"五无论"，孙中山、朱执信等也开始提倡"竞争"与"互助"并重。无政府主义者更是明确将"互助"视为社会进化的最佳手段。总体而言，这一时期进化论的传播在内容上更加深入、全面。进化论思想开始被不同的政治派别改造，成为他们开展社会变革的理论指南。

从传播的影响与效果来看，以《天演论》的发表为标志，这一时期进化论思想在中国的传播形成了高潮。1898 年《天演论》出版之后，在知识界引起了强烈反响。许多报刊以"物竞天择""生存竞争"为主要思想刊登评论、文章，鼓励人们发愤图强，如《国闻报》

---

① 孙中山：《建国方略》，《孙中山选集》上册，人民出版社，2011，第 167 页。
② 费觉天：《从国家改造到世界改造》，《评论之评论》1920 年第 1 期，第 63 页。
③ 张枬、王忍之编《辛亥革命前十年间时论选集》第一卷下册，生活·读书·新知三联书店，1960，第 651~652 页。
④ 《陈天华集》，湖南人民出版社，1982，第 214 页。

《警钟报》《神州日报》《东方杂志》等都刊发文章力推《天演论》。一批带有社会进化论思想的社会学译本如《斯宾塞尔文集》《社会进化论》《群学肄言》等被陆续引入国内，特别是《社会通诠》一书的译介，使时人认识到进化观点对人类社会历史的解读："据天演之公例，以考社会之阶级，胪陈殊俗之制，以证社会之原理。"① 《天演论》在出版后的 10 年间陆续出版了 30 多种版本，仅商务印书馆在1905～1927 年就先后再版了 24 次。② 当时中国知识分子对它十分推崇，胡适在《四十自述》中写道："《天演论》出版之后，不上几年，便风行到全国，竟做了中学生的读物了。读这书的人，很少能了解赫胥黎在科学史和思想史上的贡献。他们能了解的只是那'优胜劣败'的公式在国际政治上的意义。在中国屡次战败之后，在庚子辛丑大耻辱之后，这个'优胜劣败，适者生存'的公式确是一种当头棒喝，给了无数人一种绝大的刺激。几年之中，这种思想像野火一样，延烧着许多少年人的心和血。'天演''物竞''淘汰''天择'等等术语，都渐渐成了报纸文章的熟语，渐渐成了一班爱国志士的'口头禅'。还有许多人爱用这种名词做自己或儿女的名字。陈炯明不是号竞存吗？我有两个同学，一个叫孙竞存，一个叫做杨天择。我自己的名字也是这种风气底下的纪念品。我在学堂里的名字是胡洪骍。有一天的早晨，我请我二哥代我想一个表字，二哥一面洗脸，一面说：'就用"物竞天择，适者生存"的"适"字好不好？'我很高兴，就用'适之'二字。"③ 与胡适同时期的鲁迅也深受进化论

---

① 《东方杂志》第 1 期《新书介绍》栏，转引自王宪明《语言、翻译与政治——严复译〈社会通诠〉研究》，北京大学出版社，2005，第 187 页。

② 李难：《生物学史》，海洋出版社，1990，第 337 页。

③ 胡适：《四十自述》，中国华侨出版社，1994，第 53 页。

的影响。[①] 这一时期，众多知识阶层、普通的学生成为《天演论》的追捧者。

第二节　社会进化论的理论中介作用

目前，学界关于进化论对唯物史观传播的理论贡献已经形成了普遍共识。例如，冯契指出："达尔文进化论的输入标志着中国近代哲学革命的开始"，"从哲学革命来说，进化论在这个阶段是重要的，它为中国人接受唯物史观吹响了前奏曲。"[②] 张汝伦认为，对于进化论，"许多人接受它并不是因为在理论上被它说服，而是冲着它所宣扬的历史不断进步的世俗福音"。[③] "因此相信进化论的人接受唯物史观并不困难，进化论实际上为唯物史观在中国的传播创造了有利的条件。"[④] 王增智指出，"进化史观是唯物史观在中国迅速传播，并最终取得主导地位的'前站式'理论中介或一种'前理解'"。[⑤] 单继刚将社会进化论视为马克思主义哲学在中国的第一个理论形态。[⑥] 社会进化论对于唯物史观在中国的早期传播具有重要理论贡

---

① 鲁迅回忆，他 19 岁在南京水师学堂、矿路学堂读书时"看新书的风气便流行起来。我也知道了中国有一部书叫《天演论》。星期日跑到城南区买了来，白纸石印一厚本，价五百文正。翻开一看，是写得很好的字……哦！原来世界上竟还有一个赫胥黎坐在书房里那么想，而且想得那么新鲜！一口气读下去，'物竞''天择'也出来了"，鲁迅迷上了这本书，"一有空闲，就照例也吃侉饼、花生米、辣椒，看《天演论》"。鲁迅：《朝花夕拾》，江苏凤凰文艺出版社，2018，第 58~59 页。

② 冯契：《中国近代哲学的革命进程》，上海人民出版社，1989，第 6、14 页。

③ 张汝伦：《现代中国思想研究》，上海人民出版社，2001，第 92 页。

④ 张汝伦：《现代中国思想研究》，上海人民出版社，2001，第 78 页。

⑤ 王增智：《社会进化论：唯物史观在中国早期传播的理论中介》，《西南民族大学学报》（人文社会科学版）2014 年第 9 期，第 202 页。

⑥ 具体参见单继刚《社会进化论——马克思主义哲学在中国的第一个理论形态》，《哲学研究》2008 年第 8 期，第 3 页。

献，其桥梁或中介作用是如何体现出来的？本书认为主要表现在两个方面。

一　改变了循环史观、退化史观

进化论改变了自古以来中国知识分子所秉持的变易史观，即退化史观和循环史观，使他们开始接受线性进步的历史观。在历史观上，中国传统的知识分子一般坚持循环观或黄金古代观，在政治思想中认为最好的时代是三代，在文化理想和生活上也是仰止古人。在退化史观的影响下，人们普遍认为中国历史依次经历了大同社会、小康社会到乱世的发展历程。《礼记·礼运》大同篇中曾描述中国最美好的时代"大同时代"①；大同盛世之后，人类社会退化到"小康社会"②；小康社会过后，则是礼崩乐坏的乱世。人们认为中国古代文明发展的最高峰为唐虞三代，这些时代是中国历史上的黄金时代。除了退化史观，另一个占主导地位的是循环史观。在循环史观的影响下，最具代表性的观点是"一治一乱"的历史循环论。该观念最早由孟子提出，他指出："天下之生久矣，一治一乱"。③ 此后朱熹进一步阐释了孟子的观点，将其上升为一种历史规律。该理论认为人类历史的发展，是

---

① "大道之行也，天下为公。选贤与能，讲信修睦。故人不独亲其亲，不独子其子，使老有所终，壮有所用，幼有所长，矜寡孤独废疾者皆有所养。男有分，女有归。货恶其弃于地也，不必藏于己；力恶其不出于身也，不必为己。是故谋闭而不兴，盗窃乱贼而不作，故外户不闭，是谓大同。"《礼记译解·礼运第九》，王文锦译解，中华书局，2001，第287页。

② "今大道既隐，天下为家，各亲其亲，各子其子，货力为己，大人世及以为礼，城郭沟池以为固，礼义以为纪，以正君臣，以笃父子，以睦兄弟，以和夫妇，以设制度，以立田里，以贤勇知，以功为己。故谋用是作，而兵由此起。禹、汤、文、武、成王、周公由此其选也。此六君子者，未有不谨于礼者也。以著其义，以考其信，著有过，刑仁讲让，示民有常，如有不由此者，在执者去，众以为殃。是谓小康。"《礼记译解·礼运第九》，王文锦译解，中华书局，2001，第287页。

③ 《孟子》，杨逢彬、杨伯峻注译，岳麓书社，2000，第109页。

一个由治到乱，再由乱到治的循环往复、周而复始的过程。在这两种历史观的影响下，"崇古抑今"的退化史观或"一乱一治、一治一乱"的循环史观成为时人对历史过程的基本判断。诚然，在中国传统的历史观中，也有一部分先进分子坚持进步史观，如王充、柳宗元等，但他们的观点并非主流观点，甚至被视为"异端邪说"，而且他们基本上都是在儒家"道统"不变思想的基础上讨论具体制度的演进和变化。因此，进化史观在中国历史上的影响甚微。

至近代，在亡国灭种的危机下，无论是循环史观还是退化史观在中西巨大的差异面前都显得苍白无力。"中国向何处去"这一问题再次出现在时人面前，这时进化论的引入犹如雨后甘霖，它不仅给予中国先进分子变革社会的理论武器，而且让接受新式教育的青年学生"醍醐灌顶"。随着社会达尔文主义在中国的传播，线性进化的历史观迅速为当时主流的知识分子所接受，成为他们的世界观和历史观的基石。对此李泽厚描述："从晚清起，严复翻译、介绍的进化论在中国便一直深入人心，风靡不衰，从饱读诗书的士大夫到年轻一代的知识者，曾非常迅速地扔弃千百年'一治一乱'、'分久必合，合久必分'的循环论的历史观和'复三代之盛'的历史退化论。"[1] 事实也表明，无论是早期的国民党人还是早期的马克思主义者，他们在传播唯物史观之前，都已崇信进化论。孙中山将革命学说引入进化论，提出了"突驾"说和"后来居上论"。李大钊基于唯物主义进化论论证历史的发展是前进、进步的过程，认为新兴与陈腐遇，陈腐者必败，青春与白首遇，白首者必败，"天演公例，莫或能逃者也"，"旷观世界之历史，古往今来，变迁何极！吾人当于今岁之青春，画为中点，中以前之历史，不过如进化论仅于考究太阳、地球、动植各物乃至人

---

① 李泽厚：《试谈马克思主义在中国》，载李泽厚《中国现代思想史论》，生活·读书·新知三联书店，2008，第155页。

类之如何发生、如何进化者，以纪人类民族国家之如何发生、如何进化也。"① 在进步史观的影响下，李大钊认为人类历史随着时间的推移而不断进步，弱小的中国在未来必然会强大。早在 1897 ~ 1899 年《国民日日报》时期，陈独秀就已经接触进化论思想②。经历辛亥革命，到《青年杂志》时期，陈独秀已经从理论上接受和研究达尔文的进化论。他反复强调"万物之生存进化与否，悉以抵抗力之有无强弱为标准。优胜劣败，理无可逃"；③ "进化公例，适者生存。凡不能应四周情况之需求而自处于适宜之境者，当然不免于灭亡。"④ 他认为自然界、人类历史和伦理道德都是不断进步的，他十分认同孔德的人类智力进化理论的假说⑤，将人类进化的最高阶段定位为"科学"阶段。因此，他认为作为封建社会产物的儒家伦理已经不能适应现代社会发展和进步的要求。因为现代社会是建立在"经济学生产"基础之上，强调"人格独立"，而古代社会是建立在封建基础之上的，提倡的是符合"封建时代生活状态"的道德礼教。思想或道德要随着社会的发展而发展变化，"无论何种学派，均不能定为一

① 李大钊：《青春》，《李大钊全集》第 1 卷，人民出版社，2013，第 312 ~ 314 页。
② 由于《国民日日报》上所有文章都不署真名，陈独秀虽为该报的主要撰稿人之一，但无法确定哪些文章出自其手，陈万雄在《新文化运动前的陈独秀》一书中认为，就风格而言，《箴奴隶》、《道统辨》和《说君》三篇文章与陈独秀后期在《新青年》上发表的文章十分相似。其中《箴奴隶》一文考察中国奴隶制的形成原因和历史时就指出："历史为进化之义使国民日趋于高尚者也。"参见《国民日日报》1904 年第 1 期，第 7 页。《说君》一文开篇就指出："'君'也者成立于野蛮时代，发达于半开化时代，而消灭于极文明时代。"参见《国民日日报》1904 年第 1 期，第 26 页。
③ 陈独秀：《抵抗力》，《陈独秀著作选编》第 1 卷，上海人民出版社，2009，第 178 页。
④ 陈独秀：《吾人最后之觉悟》，《陈独秀著作选编》第 1 卷，上海人民出版社，2009，第 203 页。
⑤ 孔德是实证哲学的鼻祖，更是法国社会科学界的巨匠。1842 年孔德完成了他的巨著《实证哲学教程》。在书中孔德将人类的智力进化概括为三个阶段，即神学的或幻想的、形而上学的或抽象的、科学的或实证的，其中科学阶段是人类理智发展的最高阶段。参见沃野《论实证主义及其方法论的变化和发展》，《学术研究》1998 年第 7 期，第 32 页。

尊，以阻碍思想文化之自由发展"。儒家思想中的"伦理政治之纲常阶级说"，"尤与近世文明社会绝不相容"①，"与欧化背道而驰"②。

二　唯物史观被阐释为"社会组织进化论"

进化论的传播不仅为中国先进分子接受唯物史观扫清了唯心史观的障碍，而且为他们接受唯物史观提供了理论中介。早期马克思主义学说一度被时人视为进化论的一种理论。例如，梁启超在《进化论革命者颉德之学说》中便在批判斯宾塞进化论不足时提及马克思。将马克思哲学系统引入中国的马君武在《社会主义与进化论比较》一文中，明确指出马克思的唯物史观与达尔文的进化论之间的密切联系。③ 此外，时人在最初传播唯物史观之时，大多将其与进化论相类比，并认为唯物史观是研究"社会组织进化论"的理论。陈溥贤将唯物史观阐释为"社会组织进化论"，他在《马克思的唯物史观》一文中指出，"马克思的史观所谓社会的变迁"，"就是社会组织变迁的意思。至少也是以社会组织变迁，为问题的中心"；他认为马克思之所以要将社会组织的变迁作为问题的中心，是因为"社会主义的中心问题，在改造社会组织。马克思的研究，当然也在这一点。他研究历史，全是因为要解决这个问题的，所以他特有的历史观，不外一个社会组织变迁观，这是自然的道理"。不过在陈溥贤看来，马克思的"社会组织变迁观"等同于"经济史观"，马克思"把社会组织变动

---

① 陈独秀：《答吴又陵（孔教）》，《陈独秀著作选编》第 1 卷，上海人民出版社，2009，第 282 页。

② 陈独秀：《答佩剑青年（孔教）》，《陈独秀著作选编》第 1 卷，上海人民出版社，2009，第 311 页。

③ "达尔文虽非唯物论者，然其学说实唯物论 Materialism（……）之类也。马克司者，以唯物论解历史学之人也。马氏尝谓：阶级竞争为历史之钥。马氏之徒，遂谓是实与达尔文言物竞之旨合。"参见马君武《社会主义与进化论比较》，《译书汇编》1903 年第 2 卷第 11 期，第 88 页。

的原因，都归纳于社会生产力的变动。所以马克思的经济史观，毕竟是关于社会组织与社会生产力的一个学说"。① 李大钊认为唯物史观有两个要点，一是"关于人类文化的经验〔济〕的说明"，二是"社会组织进化论"。关于第二点，李大钊论述到，"社会组织进化论"是说"生产力与社会组织有密切的关系"，他将社会组织等同于社会关系，认为社会组织或社会关系与"布帛菽粟"一样，是"人类依生产力产出的产物"。生产力和生产关系之间是相互作用的，"手臼产出封建诸侯的社会，蒸汽制粉机产出产业的资本家的社会"，生产关系一开始会助长生产力的发展，但随着生产力"到那社会组织不能适应的程度"，"社会组织不仅不能助他，反倒束缚他、妨碍他了"，结果就是社会组织的崩坏，就是社会革命。② 胡汉民、董亦湘、徐松石以及黄凌霜等也基本认为"社会组织进化论"是唯物史观代名词。③

在唯物史观传入中国的早期，时人对其理解和传播在一定程度上局限在进化论的框架之内，或者说从进化论的角度来阐释唯物史观，体现了进化论对于时人选择与接受唯物史观的促进作用和理论中介作用。随着国内外局势的变化，进化论对社会变迁的解释力和社会实践

① 〔日〕河上肇：《马克思的唯物史观》，渊泉译，载林代昭、潘国华编《马克思主义在中国——从影响的传入到传播》，清华大学出版社，1983，第15~17页。
② 李大钊：《我的马克思主义观》，《李大钊全集》第3卷，人民出版社，2013，第14~15页。
③ 例如，胡汉民在《考茨基底伦理观与罗利亚底伦理观》一文中也指出唯物史观包括社会进化论和精神生活之物质的说明两个部分，其中阶级斗争学说又是一个关键。董亦湘指出："现在稍微研究社会科学的人，即知道有唯物史观的一个名词，并知道就是加尔·马克思所发明的社会进化论，也就是马克思主义惟一立足地。"徐松石认为："马克斯之学说不外资本制之解释与其批评，其立论多根据社会进化原理。"黄凌霜指出："马氏在他的历史的哲学序中，说明社会肌体进化的原理，和达氏所发明的生物机体进化的论据，很是相近。"参见胡汉民《考茨基底伦理观与罗利亚底伦理观》，《建设》1920年第2卷第6期；董亦湘《唯物史观——夏令讲学会讲演稿之一》，《民国日报·觉悟》1924年第7卷第25期；徐松石《社会主义之沿革》，《时事新报》1920年1月18日，第13版；黄凌霜《马克思学说的批评》，《新青年》1919年第6卷第5期。

的指导性逐渐式微，唯物史观则因更具合理性和解释力获得了先进分子的青睐。

第三节　唯物史观对社会进化论的继承与超越

虽然进化论以其强大的解释力一跃成为 20 世纪初期中国主流的意识形态。但随着国际、国内环境的变化，特别是俄国十月革命后人们对马克思列宁主义的理解更加全面、准确，进化论的影响力逐渐式微，其局限性也逐渐显现。这一方面体现在其作为一种理论体系的局限性。其实，对于达尔文理论本身的问题，马克思、恩格斯认为在理论上，进化论的局限性体现在其不仅模糊了生物进化与人类进化的不同，而且过分强调生存斗争，过分强调适者生存，而不管这一"适者"是进化还是倒退。① 马克思和恩格斯对进化论理论上缺陷的认识深刻地投射到中国的社会实际。一战结束后，作为战胜国的中国却在巴黎和会上受到不公正待遇，给寄希望于"公理战胜强权"的知识界当头棒喝，巨大心理落差触发了人们对进化论的反思，诚如马克思、恩格斯所分析的那样，"强者"不一定就是"公理"，"发展"也不一定是"进步"。作为一种历史观，进化论并没有提供一整套阐释历史的理论框架。达尔文提出自然进化论后，该理论经过斯宾塞和赫胥黎的发展，从自然观衍生为一种历史观，不仅将"物竞天择，适者生存"

① 例如，马克思、恩格斯曾一针见血地指出："达尔文的缺点正在于他在《自然选择，或最适者生存》中把两件不相干的事情混淆起来了：（1）由于过度繁殖的压力而发生的选择，在这里也许是最强者首先生存下来，但是最弱者在某些方面也能这样。（2）由于对变化了的环境有较大适应能力而发生的选择，在这里生存下来的是更能适应这些环境者，但是，在这里这种适应总的说来可以是进步的，也可以是倒退的（例如，对寄生生活的适应总是退步）。重要的是：有机物发展中的每一进步同时又是退步，因为它巩固一个方面的发展，排除其他许多方向上的发展的可能性。然而这是一个基本规律。"参见《马克思恩格斯选集》第 3 卷，人民出版社，2012，第 986 页。

的定律从自然界延伸到人类社会，同时指出人类社会的发展也是线性进步的过程。无论是斯宾塞、赫胥黎还是进化史观后来的支持者和传播者都未阐释清楚几个问题：人类社会发展进化的方向和终点是什么？历史发展的动力是什么？历史发展的主体是什么？改造社会的手段是什么？等等。在进化论解释力式微之时，唯物史观后来居上，它以强大的解释力和实践性迅速取代了进化论，成为"科学"新的代名词。

一　社会主义学说提供了人类社会进化的方向

从进化论视角出发研究人类社会历史发展的进程是一种全新的视角，但随之而来的问题是，如果按照进化论的思想来解释人类社会发展的进程，则人类社会是不断向前发展进步的，是由野蛮到文明的无限发展进步过程，那么人类历史发展的最终结果是什么？进化论没有给出明确的回答。1902 年，梁启超在《进化论革命者颉德之学说》中提出了这一问题："进化论之功在天壤，有识者所同认矣。虽然以斯宾塞之睿智，创综合哲学，自谓借生物学之原理，以定人类之原理，而其于人类将来之进化当由何途，当以何为归宿，竟不能确实指明。而世界第一大问题，竟虚悬而无薄，故麦喀士（日耳曼人，社会主义之泰斗也）嘲之曰：'今世学者以科学破宗教，谓人类乃由下等动物变化而来。然其变化之律，以人类为极点乎？抑人类之上更有他日进化之一阶级乎？彼等无以应也。'"[1] 然而，梁启超的提问并未得到时人的关注，对他们而言，当时中国社会要解决的首要问题不是发展进化的最终结果是什么，而是如何解释中国社会目前的发展阶段以及如何解答中国社会今后向何处去的问题。对此，时人给出的答案是西方历史发展的进程为"公例"，是"普世的历程"，"全世界各

---

[1]　梁启超：《进化论革命者颉德之学说》，《新民丛报》1902 年第 18 期，第 18 页。

地文明的历程无不与之相同，所以对比西方文明这个计算尺上的刻度，一眼便可以看出各个文明目前在什么阶段；即使是目前尚不清楚的历史过程，也可以依西方文明之历程而'比例'得之"。[1]

在西方历史的"刻度尺"下，中国早期先进分子开始纷纷"东渡""西渡"取经，将西方资本主义的思想及制度作为中国发展进步的目标和方向。然而，西方社会的现实让他们大跌眼镜。首先是传教士及报刊上对西方工人阶级状况的报道使时人注意到，西方社会并不是人类文明发展的"至盛极治"，也未必是中国社会最理想的发展方向。1901 年发表在天津《直报》上的《原强》一文反映出时人已经对西方文明提出了质疑，文章中写道："夫自今日中国而视西洋，则西洋诚为强且富。顾谓其至治极盛，则又大谬不然之说也"，"中国之古语云：'富者越陌连阡，贫者无立锥之地，富者唾弃粱肉，贫者不厌糟糠。'至于西洋，则其贫者之不厌糟糠，无立锥之地，与中国差相若。而连阡陌，弃粱肉，固未足以尽其富也。夫在中国言富，以亿兆计，可谓雄矣；而在西洋，则以京陔秭载计者，不胜偻指焉……至盛极治，固如此哉！"[2] 文章指出，西方资本主义社会虽然创造了巨大的社会财富，但贫富两极分化严重，社会财富被少数富人阶层垄断，国家虽然很富裕，但普通的民众生活困窘，甚至与贫穷国家民众的生活状况并无二致。

1895 年因为广州起义失败而流亡欧洲的孙中山目睹了西方资本主义社会真实状况，"始知徒致国家富强，民权发达，如欧洲列强者，犹未能登斯民于极乐之乡也。是以欧洲之士，犹有社会革命之运动也"。[3]

---

① 王汎森：《近代中国的线性历史观——以社会进化论为中心的讨论》，载王汎森《近代中国的史家与史学》，复旦大学出版社，2010，第 39 页。

② 《原强》，《国闻报汇编》1903 年上卷，第 31 页。

③ 〔美〕伯纳尔：《1907 年以前中国的社会主义思潮》，丘权政、符致兴译，福建人民出版社，1985，第 39 页。

对于孙中山的这次欧洲行，史扶邻描述道："当他在九个月后离开时，他认识到工业革命并没有使西方社会所有人都得到好处。对西方的首次访问，为他以后与自由资本主义的对抗打下了基础。"① 梁启超在日本所写的第一篇文章为刊登于《清议报》上的《论强权》社论。在这篇社论中，梁启超将进化论理论与"公羊三世"说相结合，认为人类社会的发展分为三个阶段，当前资本主义社会属于第二界，而这第二界却是最不平等的阶段，"资本家之于劳力者，男子之对于妇人，其阶级尚未去，故资本家与男子之强权，视劳力者与妇人尚甚远焉"。② 梁启超认为，劳资、性别日益不平等的西方社会终将引发资本革命和女权革命。甲午战争后，日本资本主义迅速发展，工人阶级队伍迅速扩大，广大工人群众深受资本家的残酷剥削，酿成了严重的社会问题。严重的贫富差距及其造成的劳动人民的悲惨境遇使越来越多中国先进分子开始对资本主义产生怀疑。历史给时人出了一道难题：按照进化论的原理，中国社会发展的下一个阶段是资本主义，但这一阶段似乎要在西方寿终正寝，那么中国社会发展前进的方向是什么呢？

虽然甲午战争之前社会主义思想就由传教士零星介绍到中国，但直到甲午战争后，在日本社会主义思潮的影响下，中国先进分子才大规模将其介绍到国内。这与当时日本社会主义思潮的高涨密不可分。19世纪80年代，在日本，下至普通学生，上至著名学者、文学家乃至前总理大臣，几乎都对社会主义思想持有浓厚的兴趣，至19世纪末20世纪初的10余年里，以日文出版的各类有关社会主义的著作已达到近百种；注重介绍社会问题与劳动问题的有关刊物发行量巨大，如《国民之友》发行数突破10000册。另外，在由安部矶雄、片山

① 〔美〕史扶邻：《孙中山与中国革命的起源》，丘权政、符致兴译，中国社会科学出版社，1981，第119~120页。

② 梁启超：《论强权》，《清议报》第31期，1899，第4页。

潜、幸德秋水等人组织的社会主义协会的影响下，日本的各种社会主义组织遍及 40 多个市县，仅 1904 年该协会举办的社会主义演讲会就有 120 多次，发行的社会主义宣传小册子及各种单行本有 20000 册之多，其机关刊物《平民新闻》发行了 20 万份以上。[1] 日本的社会主义运动蓬勃发展之际，中国留日学生开始大规模增加，从 1896 年中国派出第一批留日学生起，不到 10 年其人数就增加至 8000 余人。日本轰轰烈烈的社会主义运动自然引起了他们的注意。时人发现，日本流行的社会主义正是他们苦苦追寻的答案。1900 年，梁启超主办的《清议报》刊登了加藤弘之的《十九世纪思想变迁论》一文。该文从进化论的观点出发，说明社会主义社会是人类社会发展的必然趋势。该文指出，由于经济发展，19 世纪是国家主义思想的时代，但伴随"文明之度愈进，则贫富悬隔愈甚"，因此"社会思想乃乘其后而起"，因为"所谓社会思想者，即关于贫富问题者耳"，以谋救济贫富不均而起之社会思想，就是"社会主义"。[2] 大批社会主义著作也被译为中文出版，如《社会主义》《近世社会主义》《社会党》《社会主义神髓》等书开始成为国人追捧的对象，1903 年，孙中山在回复友人的信中写道："所询社会主义，乃弟所极思不能须臾忘者。"[3]

　　就在社会主义思潮由日本大规模进入中国之际，时人发现，这一解救资本主义的良方与中国传统的"大同"思想不谋而合。中国人对美好生活的向往和追求源远流长。早在西汉之前，人们就托名孔子提出了"大同"理想，中国古代的思想家明确提出了财产公有、各尽所能、互助友爱的平等的社会理想。"大同"之说与孔孟的"不患

---

① 具体参见杨奎松、董士伟《海市蜃楼与大漠绿洲——中国近代社会主义思潮研究》，上海人民出版社，1991，第 21 页。

② 〔日〕加藤弘之：《十九世纪思想变迁论》，《清议报》第 52 期，1900，第 5 页。

③ 《孙中山全集》第 1 卷，中华书局，2006，第 228 页。

寡而患不均"等思想成为激励无数仁人志士的奋斗纲领。特别是近代以来，随着中国民族危机日益加深和社会上的黑暗腐败，这种思想开始急剧地发展起来。但与古代社会不同的是，随着时人对进化论思想的普遍认同和西方社会主义思想的传入，人们发现，"大同"社会不再只是令人追忆的"黄金古代"，而是人类社会前进和发展的目标。

对于当时的先进分子而言，一方面，西方资本主义发展的弊端已经逐渐暴露，而且存在爆发社会革命的可能性；另一方面，从进化论角度出发，人类社会最终要实现社会主义社会，而这一社会主义社会正是自古以来仁人志士追寻的理想和目标。总之，了解了世界发展大势，又目睹了西方资本主义国家在经济上的严重不平等和政治上日益激烈的斗争之后，中国先进分子对于"社会主义终将实行"是坚信不疑的。梁启超认为社会主义在精神上与中国的"大同"思想相贯通，在方法上是对西方资本主义经济不平等的根本改造。他从中国传统思想中挖掘社会主义的文化资源，认为"欧洲所谓社会主义者，其唱导在近百余年耳，我国则孔、墨、孟、荀、商、韩，以至许行、白圭之徒，其所列论，殆无一不带有社会主义色彩"。① "社会主义其必将磅礴于二十世纪也明矣"。② 以孙中山为首的革命派更是认为西方资本主义社会虽然比中国先进，但它们自身有无法克服的矛盾，因此"今吾国之革命，乃为国利民福革命。拥护国利民福者，实社会主义"。③ 同盟会成立后，研究社会主义问题成为其会员的重要任务之一。对此，马君武将社会主义思想与进化论思想进行比较，指出社会主义是人类进步发展的必然结果："社会主义之所由立也，凡怀热

---

① 《梁启超选集》，中国文联出版社，2006，第 920 页。
② 梁启超：《干涉与放任》，载梁启超《少年中国说》，中国言实出版社，2017，第 152 页。
③ 《孙中山选集》，人民出版社，1981，第 104 页。

心图进步之国民，未有不欢迎社会主义者。社会主义既行，则人群必大进步，道德、智识、物质、生计之属，必大发达，此世界之光景一大变。"① 无政府主义者也是传播社会主义思想的主力军，刘师培认为社会主义"一曰适于人性""二曰合于人道""三曰合于世界进化之公理"。② 李石曾指出："社会主义者，无自私自利，专凭公道真理，以图社会之进化。"③ 在进化论的分析框架之下，时人开始将"大同"学说与社会主义相提并论，在目睹了西方资本主义的发展弊端后，纷纷将在中国实现社会主义作为新的奋斗目标。

二　唯物史观发现了人类社会进步的根本动因

进化学说从自然领域拓展到人类社会领域后，时人普遍认为人类历史发展也有特定的"公例"。这种思想首先体现在西方思想家的著述中。日本近代著名思想家加藤弘之认为："吾人由数千万年之进化，得为万物之灵，其能力比他动物甚为优长，不待言也。第此万物之灵之吾人，亦同为宇宙间一定不动自然之法则，即天则所分配，无以异于他动物。"④ 浮田和民认为，通过史学研究方法"就过去事实之痕迹，以发现真理，以说明现在，以预察将来，以知社会之起原、进化之目的也"。⑤ 受国外学者影响，1902 年梁启超在《新史学》中将史学的研究对象划分为"进化之现象""人权进化之现象""求得其公理公例"三个方面，他指出："善为史者……必研究人群进化之

---

① 莫世祥编《马君武集》，华中师范大学出版社，2011，第 91 页。
② 林代昭、潘国华编《马克思主义在中国——从影响的传入到传播》，清华大学出版社，1983，第 250 页。
③ 林代昭、潘国华编《马克思主义在中国——从影响的传入到传播》，清华大学出版社，1983，第 254 页。
④ 〔日〕加藤弘之：《天则百话》，吴建常译，广智书局，1903，第 12 页。
⑤ 〔日〕浮田和民：《史学通论》，李浩生译，载邬国义编校《史学通论四种合刊》，华东师范大学出版社，2007，第 84 页。

现象，而求其公理公例之所在"，他认为探索人类历史发展的规律并不是为了理论上的美观，而是为了能够让后人运用这些规律以实现至真至善的美好社会，即"以过去之进化，导未来之进化"。① 梁启超进一步将寻找历史公理公例的重要性上升为救国救民的方式。梁启超这种带有经世意识的公理观在当时颇具代表性。梁启超《新史学》发表后不久，邓实发表了《史学通论》，指出："史学者，所以详究人群之兴亡盛衰隆替荣枯之天则也"，这些"天则""一面以发明既往社会政治进化之原理，一面以启导未来人类光华美满之文明"。② 虽然梁启超等认为人类社会发展也有特定的"公理公例"，但"公理"是什么？没有人能够给出明确的答案。对此，严复通过译介斯宾塞的《群学肄言》为这一问题指明了出路。严复认为与自然界的科学规律一样，人类社会的"公理"或"公例"就是因果律："今世所称为科学者，非多识博闻之谓，必有天序物则，而因果可以相求者也"，即与自然科学一样可求因果关系的"天序物则"就是"科学"。③ 严复将其概括为"执果穷因，是惟科学"④，"凡学必其有因果公例，可以数往知来者，乃称科学"⑤。严复进一步指出："群学何？用科学之律令，察民群之变端，以明既往、测方来也"，读史而观古人之事迹并不能"得盛衰之乱之由"，只有"知求群学，籀其公例者，乃能据往事知来者耳"⑥，只有学习社会学，发现人类历史发展的因果律，才能据往知来，才能使人类社会的"公理"具备科学性。在斯宾塞的影响下，严复在《政治讲义》中还强调："读史有

---

① 梁启超：《新史学》，《饮冰室合集》第 1 册，中华书局，1989。
② 邓实：《史学通论》，《政艺通报》1902 年第 12 期。
③ 〔英〕斯宾塞：《群学肄言》，严复译，商务印书馆，1981，第 307 页。
④ 〔英〕斯宾塞：《群学肄言》，严复译，商务印书馆，1981，第ⅷ页。
⑤ 〔英〕斯宾塞：《群学肄言》，严复译，商务印书馆，1981，第 x 页。
⑥ 〔英〕斯宾塞：《群学肄言》，严复译，商务印书馆，1981，第ⅷ、54 页。

术，在求因果，在能即异见同，抽出公例。"① 此外，人类历史存在因果律的思想也渗透到教科书中。1910 年所撰《汉译西洋历史》教科书的译者序文中指出："盖历史之为用，非徒资学者之考古已耳。盖举一时代所有之政治、学术、风俗、人物，据实而胪列之，使后之读史者执已往之果以求过去之因，即可即现在之因以求将来之果，若者宜利用，若者宜改良，而其惟一之方针归于使人类日跻于康乐。"②

既然人类社会的科学"公理"或"公例"是因果律，随之又有一个问题产生了：什么是人类社会中的因果律？对于这一问题，学者莫衷一是。加藤弘之指出，即使是自然界现象"非广为研究，莫能得其一定之则"，发现人类社会发展的规律，则更加困难，但是"后世社会学既进，社会现象之定则，必大发见"。③ 梁启超的观点颇具代表性。他指出，"求史学之公理公例，固非易易"，自然科学的天文学、物理学、化学等"其理例亦易得"，而社会学、宗教学、政治学等"皆由现象之繁赜，而未到终点也"，因此，"欲求人群进化之真相"，首先必须"合人类全体而比较之，通古今文野之界而观察之"，"取诸学之公理公例，而参伍钩距之"，才能总结提炼出人类社会发展的"公理公例"。④ 他们一致认为人类社会的发展也有一定的因果规律，并认为要寻得这一"因果律"并不容易。

到底什么是人类社会发展进步的"因果律"？就在学者们为这一问题寻寻觅觅之时，马克思的唯物史观进入了他们的视野并对这一问题做出了根本解答。1859 年马克思在《政治经济学批判》第一册序

---

① 严复：《政治讲义》，《严复集》第 5 册，中华书局，1986，第 1243 页。
② 《汉译西洋历史》，商务印书馆，1915，译者序。
③ 〔日〕加藤弘之：《天则百话》，吴建常译，广智书局，1903，第 18~19 页。
④ 参见梁启超《新史学》，《饮冰室合集》第 1 册，中华书局，1989，第 10~11 页。

言中，首次对唯物史观进行了总结①并明确指出生产力决定生产关系，经济基础决定上层建筑，物质生活的生产方式在人类历史发展中的决定作用。马克思的这一发现彻底解答了人类社会发展的"因果律"。深受马克思《政治经济学批判》影响的中国先进分子了解马克思唯物史观对人类社会"因果律"的解答后，纷纷成为唯物史观的信徒。李大钊指出，人类的社会生活是十分复杂的，是种种"互有关联、互与影响"的活动所构成的，"那社会进展的根本原因究竟何在？人类思想上和人类生活上大变动的理由究竟为何？"对于这些问题，18世纪和19世纪前半期的历史学者进行了种种探讨，但无论从政治上、精神上还是从宗教上对历史原因的解释都无一例外陷入了唯心主义的泥淖。只有唯物史观做出了解答："人的生存，全靠他维持自己的能力，所以经济的生活，是一切生活的根本条件。"② 物质生活的生产方式——生产力是人类社会发展的最高动因。陈独秀指出，虽然马克思的唯物史观没有专书论述，但在《经济学批评》（即《政治经济学批判》）、《共产党宣言》和《哲学的贫困》三本书中都论述过。他认为唯物史观的要旨有两点，一是

---

① 马克思明确指出："人们在自己生活的社会生产中发生一定的、必然的、不以他们的意志为转移的关系，即同他们的物质生产力的一定发展阶段相适合的生产关系。这些生产关系的总和构成社会的经济结构，即有法律的和政治的上层建筑竖立其上并有一定的社会意识形式与之相适应的现实基础。物质生活的生产方式制约着整个社会生活、政治生活、精神生活的过程。不是人们的意识决定人们的存在，相反，是人们的社会存在决定人们的意识。社会的物质生产力发展到一定阶段，便同它们一直在其中运动的现存生产关系或财产关系（这只是生产关系的法律用语）发生矛盾。于是这些关系便由生产力发展的形式变成生产力的桎梏。那时社会革命的时代就到来了。随着经济基础的变更，全部庞大的上层建筑也或慢或快地发生变革。"《马克思恩格斯选集》第2卷，人民出版社，2012，第2~3页。

② 李大钊：《唯物史观在现代史学上的价值》，《李大钊全集》第3卷，人民出版社，2013，第275页。

"说明人类文化之变动"；二是"说明社会制度之变动"。① 蔡和森在《社会进化史》中也指出："人类进化的主要动因有二：一是生产，一是生殖。"②

　　早期马克思主义者认为唯物史观的主要贡献在于发现了人类社会发展进步的根本原因，早期国民党的理论家如林云陔、朱执信等也持有相同的观点。林云陔在《唯物史观的解释》一文中指出："社会主义在于近世，有科学的意味。系社会进化的最高原理"，"我们须晓得社会主义，近已成为'经济的命运之机械的理论'。凡一切历史的演成、社会的进化，都不能逃出这一定的公例以外，这个公例即社会主义的理论所依归。"③ 胡汉民也是早期国民党阵营中宣传唯物史观的主力。他于1919年发表了近两万余字的《唯物史观批评之批评》，在文中辑释了《神圣家族》、《哲学的贫困》、《共产党宣言》、《赁银劳动及资本》（即《雇佣劳动与资本》）、《法兰西政变论文》（即《路易·波拿巴的雾月十八日》）、《经济学批判》序文（即《〈政治经济学批判〉序言》）以及《资本论》第三卷等"马克斯著作中包含唯物史观的主要部分"。他高度评价唯物史观，认为在人类思想史上，到了马克思才"努力说明人类历史的进动的原因"④，并指出"人类的进步和思想的变化，同出一个公例，就同是经济的关系为主要的原因"。⑤

　　总之，对于早期先进分子选择唯物史观特别是在唯物史观传入的初期都将其作为经济史观来阐释的原因，除了传播渠道及学者知

---

① 陈独秀：《马克思学说》，《陈独秀著作选编》第 2 卷，上海人民出版社，2009，第445 页。
② 蔡和森：《社会进化史》，东方出版社，1996，第 9 页。
③ 云陔：《唯物史观的解释》，《星期评论》1919 年纪念号第 1 期。
④ 胡汉民：《唯物史观批评之批评》，《建设》1919 年第 1 卷第 5 期。
⑤ 胡汉民：《中国哲学史之唯物的研究》，《建设》1919 年第 1 卷第 4 期。

识背景等方面的影响外①，本书认为更为重要的原因是这一理论更加契合时人的理论需求。马克思指出："理论只要彻底，就能说服人。所谓彻底，就是抓住事物的根本。"② 很显然，唯物史观或者说唯物史观中的"经济决定论"在当时更能"说服人"，也更"彻底"。进化论传入中国以后，在五四运动前期达到了传播的巅峰。随着一战爆发以及国内军阀混战，在"老师欺负学生"的情况下，"中国向何处去"这一问题再次困扰中国的先进分子，而此时进化论的解释力越来越弱。按照进化论的理论，人类社会是不断发展进步的，但究竟如何才能进步，尤其是如何才能快速跳过资本主义的弊端实现进步，使中国实现国富民强？对于这些问题，进化论已经无能为力。而唯物史观一针见血地指出，制约人类社会发展的"因果律"是物质生活的生产方式。生产力或经济基础是"前因"，"生产关系"及"上层建筑"是"后果"。唯物史观对于人类社会"因果律"的解答不仅消除了时人的疑惑，而且为"中国向何处去"指明了方向。

三 唯物史观指明了推动人类社会进步的主体

虽然对经济因素决定作用的强调是非常必要的，但过分强调经济因素，忽视上层建筑的相对独立性，使知识界在最初理解唯物史观时陷入了某种程度的"机械论"和"定命论"，李大钊就认识到这一问题。在《我的马克思主义观》中，李大钊指出唯物史观强调经济因素，确实"加上了一种定命的彩色"，"这固然可以说是马氏唯物史

---

① 关于这方面已经有很多学者进行了系统阐释，参见金梦《1927~1937 年中国知识界对唯物史观的阐释研究》，博士学位论文，北京大学，2018。
② 《马克思恩格斯选集》第 1 卷，人民出版社，2012，第 9~10 页。

观的流弊"。① 这一"流弊"甚至成为时人攻击唯物史观的目标。例如，费觉天认为唯物史观"既是由经济上成立，我就要从经济上打倒"。一方面，他认为思想是纯主观的作用，而物质只是人类思想的材料；另一方面，他认为"生产力即是因人的意志而发生，而改造的"，"因生产力所生的关系，也是依人的意志而决定"，"经济基础是不离人底意志而独立，是不会自家发生自家衰败"，"是人使用经济，而经济未尝支配人"。费觉天认为否认人的因素而相信社会主义可以自然发生，实为"无稽之谈"。② 胡适曾指责陈独秀说："若不相信思想知识言论教育也可以'变动社会，解释历史，支配人生'，那么他尽可以袖着手等待经济组织的变革就完了，又何必辛辛苦苦地努力做宣传的事业，谋思想的革新呢？"③ 张君劢也说："假如其言，社会进化为生计条件所支配，而无假于人力之推动，则马克思之宣传与颠沛流离，岂不等于庸人自扰？"④ 梁启超更是诘难道："唯物史观的人们啊！机械人生观的人们啊！若使你们所说的是真理，那我只好睡倒罢，请你也跟我一齐睡倒罢！'遗传的八字'，'环境的流年'，早已经安排定了，你和我跳来跳去'干吗'？"⑤ 将唯物史观视为机械进化论或赋予定命论色彩，成为 20 世纪 20 年代时人谴责唯物史观的重要观点。针对学者的质疑，早期马克思主义者一方面指出人民群众在创造历史中的重要地位，彻底划清了唯物史观与唯心史观的界限；另

---

① 李大钊：《我的马克思主义观》，《李大钊全集》第 3 卷，人民出版社，2013，第 19 页。
② 费觉天：《驳马克思底唯物史观》，《评论之评论》1920 年第 1 卷第 1 期，载钟离蒙、杨凤麟主编《中国现代哲学史资料汇编》第 1 集第 9 册，辽宁人民出版社，1982，第 49~52 页。
③ 胡适：《答陈独秀先生》，载张君劢、丁文江等《科学与人生观》，山东人民出版社，1997，第 27~28 页。
④ 张君劢：《人生观之论战序》，载张君劢《中西印哲学文集》，学生书局，1981，第 991 页。
⑤ 《梁启超选集》，中国文联出版社，2006，第 503 页。

一方面阐明客观规律性与主观能动性之间的关系，指明历史发展的主体和动力，不仅有效地驳斥了时人对唯物史观的误解，而且进一步增强了唯物史观的科学性和解释力。

人类历史到底是谁创造的？是神明？是英雄人物？还是人民群众？对这些问题的不同回答是唯物史观和唯心史观的分水岭。在唯物史观产生以前，人们认为人类史就是一部英雄史、王侯将相史。马克思、恩格斯从人类的实践活动出发，不仅揭示了人类社会发展的根本动因，而且指明了人民群众是实践的主体，是历史的真正创造者，从而彻底划清了唯物主义与唯心主义的界限。唯物史观对历史发展主体的揭示，不仅消除了其定命论或机械论色彩，而且改变了时人对历史创造主体的认知，使人们认识到劳动群众在人类历史发展中的重要作用。在唯物史观的影响下，早期马克思主义者李大钊十分强调劳动群众在历史中的伟大作用，在《我的马克思主义观》中，他就指出唯物史观的伟大之处在于它承认"社会主义的实现，离开人民本身，是万万作不到的"。[1] 在《唯物史观在现代史学上的价值》一文中，李大钊将决定论和能动论有机地融合起来。他认为唯物史观的诞生使中国史学摆脱了自古以来的神权史观、精神史观的束缚，唯物史观产生以前的人类历史理论中，人"不过是一个被动的、否定的生物"，历史发展与普通人毫无关系，推动历史发展的主体不是神明就是帝王或英雄人物，这些都是统治者为了麻痹人民所创造的骗局，是为了让人民群众屈服于当权的统治阶级。唯物史观戳穿了这些假象，主张社会的进步发展不仅要在物质生活中寻找动因，而且"只能在人民本身的性质中去寻，决不在他们以外的什么势力"。[2] 马克思的历史观

---

① 李大钊：《我的马克思主义观》，《李大钊全集》第3卷，人民出版社，2013，第20页。

② 李大钊：《唯物史观在现代史学上的价值》，《李大钊全集》第3卷，人民出版社，2013，第278页。

"导引我们在历史中发见了我们的世界，发见了我们的自己，使我们自觉我们自己的权威，知道过去的历史，就是我们这样的人人共同造出来的，现在乃至将来的历史，亦还是如此"①，让人们知道"真正的解放，不是央求人家'网开三面'"②，而是要依靠自己的力量打破枷锁，获得解放。他明确指出那些误解唯物史观的人事实上"大错特错"，唯物史观不仅强调物质力量对于社会进步的决定作用，而且还明确指出这种推动社会进步的物质力量需要人类去创造，因此唯物史观不仅不是"听天由命"的历史观，而且是"催人奋进"的历史观。因此，李大钊认为，民众的力量是无穷的，人民群众的真正解放只能靠人民群众自己，他十分强调知识阶级与劳工阶级打成一气。他指出，人类的生活，除了衣食外，尚需知识；物的欲望而外，还有灵的要求。资本家不但剥夺了劳工物质劳动的结果，而且剥夺了他们精神的修养，为此，他呼吁人们要重视劳动群众的教育问题。③

如果说针对时人对于唯物史观机械论、定命论的非议，李大钊是从人民群众的历史主体性的视角进行反驳的话，那么陈独秀则通过澄清客观历史规律与人的主观能动性之间的关系来进行驳斥。1921 年 2月蔡和森在给陈独秀的信中指出："马克思主义的骨髓在综合革命说与进化说"。④ 在回信中，对于蔡和森提出的马克思主义与进化论的关系，陈独秀认为这一观点会使人们误解唯物史观为机械论，因为这一观点忽视了"人"在社会历史中的决定作用，他指出："创造历史之最

---

① 李大钊：《史学要论》，《李大钊全集》第 4 卷，人民出版社，2013，第 568 页。
② 李大钊：《真正的解放》，《李大钊全集》第 2 卷，人民出版社，2013，第 492 页。
③ 李大钊：《劳动教育问题》，《李大钊全集》第 2 卷，人民出版社，2013，第 407~408 页。
④ 蔡和森：《马克思学说与中国无产阶级》，《新青年》1921 年第 9 卷第 4 期。

有效最根本的方法，即经济制度的革命。"① 他旗帜鲜明地反对将唯物史观视为机械论哲学。对于胡适、张君劢和梁启超等人将唯物史观曲解为机械唯物论，陈独秀一一批驳。与此同时，陈独秀正确地解决了马克思主义在中国早期传播的一个重要理论问题——客观历史规律与人的主观能动性之间的关系问题。他明确指出客观规律制约着人的主观能动性，人只有掌握客观规律，正确地发挥主观能动性，才能推动社会的发展和进步。他进一步指出，胡适等人对唯物史观产生误解的根源在于他们没有坚持"物质一元论"，陷入了唯意志论的深渊。② 陈独秀明确指出，唯物史观的哲学基础是唯物主义一元论。生产力决定生产关系，经济基础决定上层建筑是制约人类社会发展的根本法则，个人可以通过积极发挥主观能动性，运用这些规律造福人类社会。

除了李大钊、陈独秀外，青年时期的毛泽东也重视人的自觉性、主动性和创造性，他更是明确提出了"主观能动性"这一概念，并系统地阐释了客观规律性与主观能动性之间的关系，同时将主观能动性思想真正地、具体地应用于中国的革命实践。在青年时期，毛泽东就十分推崇"心之力"的作用，他认为"欲动天下者，当动天下之心"③，重

---

① 陈独秀：《答蔡和森（马克思学说与中国无产阶级）》，《陈独秀著作选编》第 2 卷，上海人民出版社，2009，第 411 页。

② 在这里，陈独秀指出："在社会的物质条件可能范围内，唯物史观论者本不否认人的努力及天才之活动。我们不妄想造一条铁路通月宫，但我们却不妨妄想造一条铁路到新疆；我们不妄想学秦皇、汉武长生不老，但我们却不妨极力卫生以延长相当的寿命与健康的身体。人的努力及天才之活动，本为社会进步所必需，然其效力只在社会的物质条件可能以内。思想知识言论教育，自然都是社会进步的重要工具，然不能说他们可以变动社会、解释历史、支配人生观和经济立在同等地位。我们并不抹杀知识、思想、言论、教育，但我们只把他当做经济的儿子，不像适之把他当做经济的弟兄。我们并不否认心的现象，但我们只承认他是物之一种表现，不承认这表现复与物有同样的作用。"参见陈独秀《答适之》，《陈独秀著作选编》第 3 卷，上海人民出版社，2009，第 169 页。

③ 《毛泽东早期文稿（1912.6—1920.11）》，中共中央文献研究室、中共湖南省委《毛泽东早期文稿》编辑组，1990，第 85 页。

视"主观世界"的作用。在接受马克思主义后，他明确提出"唯物史观是吾党哲学的根据"①，并在实践中重视民众的力量。他花了极大的精力创办工人夜校、农民夜校、农民讲习所和自修大学等，希望能够较快地提高劳动者的思想理论水平。土地革命时期的经验教训使毛泽东的哲学思想更加成熟，同时他也更加强调人的"主观意识"在认识世界和解释世界中的能动性作用。在《实践论》中，毛泽东第一次明确阐释了自己对能动性的见解，他明确指出认识的能动作用体现在两个方面：一是可以在感性认识的基础上上升为理性认识，二是用理性认识指导具体的实践活动。② 在《矛盾论》中，他又根据事物发展的规律，进一步提出"外因是变化的条件，内因是变化的根据"③，指出只要党内团结一致，充分发挥人的积极性、主动性、创造性等"内因"，就一定能够战胜艰难险阻，取得最终的胜利。此后，随着抗日战争进入胶着状态，他再次表现出对主观能动性的积极态度："观念论哲学有一个长处，就是强调主观能动性。孔子正是这样，所以能引起人的注意与拥护。机械唯物论不能克服观念论，重要原因之一就在于它忽视主观能动性。我们对孔子的这方面的长处应该说到。"④ 在《论持久战》中，他第一次对"能动性"这一科学概念进行了阐释，他指出："一切事情是要人做的，持久战和最后胜利没有人做就不会出现。做就必须先有人根据客观事实，引出思想、道理、意见，提出计划、方针、政策、战略、战术，方能做得好。思想等等是主观的东西，做或行动是主观见之于客观的东西，都是人类特殊的能动性。这种能动性，我们名之曰：'自觉的能动性'，是人之

---

① 《毛泽东书信选集》，人民出版社，1983，第15页。
② 《毛泽东选集》第1卷，人民出版社，1991，第292页。
③ 《毛泽东选集》第1卷，人民出版社，1991，第302页。
④ 《毛泽东书信选集》，人民出版社，1983，第145页。

所以区别于物的特点。"[①] 毛泽东明确指出主观能动性只有在依据客观规律的基础上，才能够实现，同时他将主观能动性视为人的本质特征。从 1921 年成立，经过第一次国内革命战争、第二次国内革命战争、抗日战争和解放战争，中国共产党从弱小到强大，党领导的新民主主义革命从低潮到高潮，直至最终取得震惊世界的伟大胜利，这是科学理论运用于实践的结果，是执行了正确的战略策略的结果，是广大中国人民的能动性得到充分发挥的结果，毛泽东就是使这个能动性充分发挥的大师。[②]

总体而言，面对时人将唯物史观视为机械唯物论的误解，早期马克思主义者明确指出唯物史观在强调经济因素的同时，还十分重视"人"的因素以及"人民群众"在历史发展中的重要作用。他们通过揭露唯心史观及英雄史观的伪善性，强调唯物史观的"群众史观"特性，彻底划清了唯物史观与唯心史观的界限。他们通过阐释客观规律与主观能动性之间的关系，强调"个人"及"群众"在历史发展中的主体性，激发个人的积极性和创造性。总之，通过上述理论阐释，早期马克思主义者不仅捍卫了唯物史观的"正确性"，澄清了人们对唯物史观的误解，而且巩固了唯物史观的"科学性"，同时使唯物史观进一步与阶级斗争学说合二为一，为确立阶级斗争学说在唯物史观中的核心地位奠定了基础。

---

① 《毛泽东选集》第 2 卷，人民出版社，1991，第 477 页。

② 程美东：《论毛泽东对主观能动性的认识和实践》，《北京师范大学学报》（人文社会科学版）2000 年第 5 期，第 37 页。

第四章　科学的实用主义理念与阶级斗争

　　实用主义作为科学主义的一个重要理念，其传入中国并传播对早期马克思主义者接受唯物史观产生了重要的推动作用。虽然以杜威和胡适为代表的以实用主义思潮改造中国的方案最终失败了，但其传播的理论与实践相统一、真理的客观性和效用性等思想与中国知识分子所秉持的传统的实用理性不谋而合，甚至在一定程度上给予中国传统实用理性更加科学的方法论和真理观。余英时认为杜威与罗素来华讲学时，杜威的影响力远超罗素的一个重要原因在于"杜威的实用主义通过胡适的中国化的诠释之后，这种'改造世界'的性格表现得更为突出……杜威和马克思之间有许多根本的分歧，但在'改变世界'这一点上（包括强调理论与实践的统一），他们的思想是属于同一形态的。马克思主义之所以能继实用主义之后炫惑了许多中国知识分子，这也是基本原因之一"。[①] 余英时认为，虽然实用主义与马克思主义具有众多分歧，但是在中国先进分子接受马克思主义，特别是唯物史观时，实用主义中的一些理念起到了重要的助推作用。换句话说，在实用主义的传播之下，"本来十分重视理论、具有一整套完备理论体系的马克思主义本身，在中国也染上了'有效即真理'和要

---

① 余英时：《中国近代思想史上的胡适》，经联出版事业公司，1984，第61页。

求直接服务于当下实践的实用主义的因素"。① 而这一特征在经过了中国早期马克思主义者空想社会主义试验的失败后，体现得尤为突出。

第一节　科学的实用主义

实用主义哲学是经验主义哲学的现代分支，也是 19 世纪自然科学与社会科学发展的必然产物，其基本思想是把客观现实与经验相等同，强调实践，同时明确指出实践以及真理的确定标准是"兑现价值"和"效用"。该思想最早诞生于美国，其代表性人物为皮尔士、詹姆士和杜威。皮尔士是美国实用主义的创始人，他最先提出了"意义理论"，即"皮尔士原则"。他认为，断定一个概念的意义，我们首要做的是："考虑一下我们概念的对象，在实际意义上可能有些什么效果。这样的话，我们关于这些效果的概念就是我们关于这个对象的全部。"② 皮尔士提出的将概念与行为的结果相联系的理念为实用主义确立了原则基础。此后，实用主义经过詹姆士和杜威的发展才真正立足于美国的哲学舞台。詹姆士将皮尔士实用主义抽象的方法论原则发展为一个系统的分析具体问题的理论体系。詹姆士之后，杜威进一步论证和传播了实用主义，将实用主义的原则推广到政治、宗教、教育等领域，使其具有更加鲜明的科学色彩。总体来讲，实用主义思想的基本特征主要体现在三大方面。

其一，在认识论上，实用主义强调经验论原则。詹姆士将自己关于经验的理论称为"彻底的经验主义"，在《真理的意义》一书的序

---

① 李泽厚：《中国现代思想史论》，生活·读书·新知三联书店，2016，第 161 页。
② 杨寿堪、王成兵：《实用主义在中国》，首都师范大学出版社，2002，第 8 页。

言中，他明确提出："彻底的经验主义首先包括一个假定，接着是一个事实的陈述，最后是一个概括的结论"，其中，假定是："只有能按照经验来解释的事物，才是哲学上可争论的事物"，他将"不能经验的事物"排除在哲学争论题材之外。概括的结论是："经验的各个部分靠着关系而连成一体，而这些关系本身也就是经验的组成部分。总之，我们所直接知觉的宇宙并不需要任何外来的、超验的联系的支持，它本身就有一连续不断的结构。"① 虽然詹姆士的彻底的经验主义摆脱了二元论，但他最终陷入了唯我主义。与詹姆士不同，杜威的经验主义更加具有客观性和科学性。他将自己的经验主义称为"自然主义的经验主义"或"经验自然主义"。他认为这种经验主义是近代自然科学发展的产物，是一种科学的方法论。他强调经验不是知识，而是一种行为，否定经验是纯粹的主观的产物。他一再声称自己的经验论的主要特点在于克服了传统经验哲学的"二元论"。他将经验范畴的历史发展分为三个阶段：第一个阶段始于古典希腊哲学，第二个阶段始于17世纪英国经验主义，第三个阶段是实用主义代表的现代经验主义。他认为前两个阶段的经验概念都是片面的，以感性知觉为主，不具备科学性，在这两个阶段中，无论是理性派哲学家还是经验派哲学家，他们都将经验当作知识，将经验与自然、实在世界相分离，从而犯了"二元主义"的错误。② 他的经验论则将经验作为主体和对象，作为有机体和环境之间的相互作用。

其二，在实践观和方法论上，实用主义强调认识和实践相统一，认为认识是为实践服务的，哲学的任务就是指导人们进行实践，帮助人们确定实践的方法，以取得有利于实践的效果。詹姆士将自己实用

---

① 〔美〕威廉·詹姆士：《实用主义》，陈羽纶、孙瑞禾译，商务印书馆，1979，第158~159页。

② 刘放桐：《实用主义述评》，天津人民出版社，1983，第68~69页。

主义的方法概括为："实用主义的方法，不是什么特别的结果，只不过是一种确定方向的态度。这个态度不是去看最先的事物、原则、'范畴'和假定是必需的东西，而是去看最后的事物、收获、效果和事实。"① 而在方法论上，杜威重视科学方法，并强调将科学方法应用于日常生活的研究，他认为在假设的指导下进行有目的的观察便是科学的方法，这一方法不仅可以处理科学领域的事物，也可以应用于人们的日常生活。他认为科学的方法"只不过是借助于此目的而设计的仪器、设备和精确的计算，更加深思熟虑地处理同类的事情"。②

其三，在真理观上，实用主义者认为真理与实践是一种良性互动的关系，一方面真理来自实践，另一方面实践又服务于真理。"一切理论和观点，只有当它们可以用来帮助人们取得成功和实际效果时，才是真理。"③ 在皮尔士看来，真理就是信念。而詹姆士则认为真理就是有用。他提出，一个观点，"它是有用的，因为'它是真的'；或者说：'它是真的，因为它是有用的。'这两句话的意思是一样的，也就是说这里有一个观点实现了，而且被证实了。'真'是任何开始证实过程的观念的名称，'有用'是它在经验里完成了的作用的名称"。④ 杜威则从工具主义出发解释效用原则，他认为观念、意义、概念等如果可以充当人类认识环境和改造环境的工具，那么"它们的效用和价值就全系于这个工作的成功与否。如果它们成功了，它们就是可靠、健全、有效、好的、真的。如果它们不能排除纷乱，免脱谬误，而它们的作用所及反致增加混乱、疑惑和祸患，那么它们便是

---

① 〔美〕威廉·詹姆士：《实用主义》，陈羽纶、孙瑞禾译，商务印书馆，1979，第31页。
② 〔美〕约翰·杜威：《我们怎样思维：经验与教育》，姜文闵译，人民教育出版社，1991，第141页。
③ 刘放桐：《实用主义述评》，天津人民出版社，1983，第123页。
④ 〔美〕威廉·詹姆士：《实用主义》，陈羽纶、孙瑞禾译，商务印书馆，1979，第104~105页。

虚妄"。[①] 在杜威看来，真理的效能在于满足公众的效用，而且真理不是静止的，不是先天创造和永恒存在的，而是动态的和实践的。

第二节 实用主义在中国的早期传播

实用主义哲学自清末就传入中国，但主要以经验论的形式零星传入。新文化运动时期，实用主义才正式进入中国并在以胡适为首的知识界的推动下达到传播高潮。1915 年留学康奈尔大学的胡适因为不满康奈尔大学哲学系的教授对杜威的批判转学到哥伦比亚大学哲学研究部。在这里胡适系统研读了杜威的论著，成为杜威的忠实追随者，实用主义也成为胡适的哲学基础。回国后，胡适不仅将实用主义作为新文化运动中文学革命的工具，如他在《文学改良刍议》中将实用主义与文学相结合，提倡文学中的写实主义等，而且系统地翻译和引介了美国实用主义三位代表人物皮尔士、詹姆士与杜威的哲学思想及论著，成为第一个在中国系统宣传实用主义的学者。在具体内容上，胡适结合自己的理解，重点介绍了杜威的实用主义思想。首先，胡适将实用主义改称"实验主义"，突出了该学说与科学的关系，认为实验主义"完全是近代科学发达的结果"。[②] 他认为近代科学之所以得到如此之快的发展，其中最主要的原因是运用假设的效果，并认为科学假设"这种对于科学律例的新态度，是实验主义的一个最重要的根本学理。实验主义绝不承认我们所谓'真理'就是永永不变的天理；他只承认一切'真理'都是应用的假设；假设的真不真，全靠

---

① 〔美〕杜威：《哲学的改造》，许崇清译，商务印书馆，2017，第 94 页。
② 胡适：《实验主义》，《胡适文存》第 1 集，黄山书社，1996，第 213 页。

他能不能发生的效果"。① 其次，胡适重点介绍了实用主义的真理观。他将杜威工具主义的真理观从日常生活引入社会历史领域，提出了"历史的真理论"，他指出："我们所谓真理，原不过是人的一种工具……因为从前这种观念曾经发生功效，故从前的人叫他做'真理'；因为他的用处至今还在，所以我们还叫他做'真理'，万一明天发生他种事实，从前的观念不适用了，他就不是真理了，我们就该去找别的真理来代他了。"② 他以中国传统的三纲五常观为例，认为近代社会发展变迁使古代的"天经地义"成为现在的"废话"。最后，胡适将杜威的实用主义方法论概括为五个步骤，并进行了详细的阐释和论证。第一步是"疑难的境地"，他指出疑难是思想的第一步，"学原于思，思起于疑"。第二步是"疑难之点究竟在何处"，他指出在这一步中最重要的是找出疑难的真问题，"杜威以为这一步是很重要的。这一步就同医生的'脉案'，西医的'诊断'一般重要"。③ 第三步是"提出种种假定的解决方法"，在这里经验、学问尤为可贵，因为"他们可以供给这些假设的解决的材料"。④ 第四步是"决定哪一种假设是适用的解决"，这里需要将每一种假设的解决方法都一一列举出来进行分析对比，最后决定采用哪一种假设。最后一步是"证明"。只有得到证明的假设才是"真理"。胡适指出，思想方法到这里才"不但可以解决面前的疑难，检直是发现真理，供以后的人大家受用，功用更大了"。此后，随着胡适实用主义思想的发展，他将上述五步思维方法概括为著名的论断——"大胆的假设，

---

① 胡适：《实验主义》，《胡适文存》第 1 集，黄山书社，1996，第 214 页。
② 胡适：《实验主义》，《胡适文存》第 1 集，黄山书社，1996，第 225 页。
③ 胡适：《实验主义》，《胡适文存》第 1 集，黄山书社，1996，第 236 页。
④ 胡适：《实验主义》，《胡适文存》第 1 集，黄山书社，1996，第 237 页。

小心的求证"。①

　　实用主义之所以在新文化运动时期广泛传播，除了胡适的大力宣传之外，还与杜威的访华之行密不可分。1919 年 5 月 1 日，杜威应中国教育团体之邀，携夫人来华讲学，恰逢五四运动爆发。目睹和见证了这一伟大运动的杜威将自己原定两个多月的访华日程延长至两年多。在这两年的时间中他的足迹遍布中国的 11 个省份和地区，留下了大量哲学、哲学史、教育学、伦理学等方面的讲演录，仅在北京的五种讲演录的印行就超过 10 版，这在以前的中西文化交流上也是罕见的。② 杜威来华讲学之旅受到知识界的热烈欢迎，很多著名的报刊如《民国日报》《东方杂志》《申报》《晨报》等不仅第一时间报道杜威在华行程，而且实时刊载杜威讲学的内容。

　　实用主义思想在胡适及杜威访华的推动下，在中国的知识界引起了强烈的反响。学界的名流如蒋梦麟、刘伯明、陶行知等人都曾发文介绍过实用主义。对于当时实用主义传播的盛况，贺麟指出："胡适之等所提倡的实验主义……在五四运动后十年支配整个中国思想界，尤其是当时的青年思想，直接间接都受此思潮的影响，而所谓新文化运动，更是这个思潮的高潮。"③ 冯友兰也指出："实用主义和新实在论是当时在中国比较流行的西方哲学思想。"④ 当然，汹涌澎湃的实用主义思潮除了影响了一大批知识界名流外，身在新文化运动中心的早期马克思主义者也或多或少受到了实用主义理念的影响。本来就十

① 胡适：《治学的方法与材料》，《胡适文存》第 3 集，黄山书社，1996，第 93 页。
② 章清：《实用主义哲学与近代中国启蒙运动》，《复旦学报》（社会科学版）1988 年第 5 期，第 75 页。
③ 转引自章清《实用主义哲学与近代中国启蒙运动》，《复旦学报》（社会科学版）1988 年第 5 期，第 75 页。
④ 转引自章清《实用主义哲学与近代中国启蒙运动》，《复旦学报》（社会科学版）1988 年第 5 期，第 75 页。

分推崇孔德与约翰·穆勒实证主义和归纳法的陈独秀也表现出对实用主义的好感，明确指出"我们相信尊重自然科学实验哲学，破除迷信妄想，是我们现在社会进化必要条件"。[①] 李大钊虽然批判了胡适轻视主义的态度，但他指出"我们的社会运动，一方面固然要研究实际问题，一方面也要宣传理想的主义。这是交相为用的，这是并行不悖的"，并承认"我们最近发表的言论，偏于纸上空谈的多，涉及实际问题的少"。[②] 实用主义也影响了青年毛泽东。据周世钊回忆，毛泽东曾拟成立问题研究会，虽然该会没有正式成立，但毛泽东亲自拟了会章。在章程中，毛泽东列举了教育问题、女子问题、国语问题等共 71 个问题。[③]

　　虽然早期马克思主义者在一定程度上受到了实用主义的影响，但在经历了空想社会主义试验失败，他们在理论选择上只是吸纳了实用主义注重真理实用性、现实性的某些理念，并最终转向了马克思主义。

第三节　"实用性"与阶级斗争

　　五四运动时期思想界的"百花齐放、百家争鸣"的现象反映在个体身上便是思想的"大杂烩"，早期马克思主义者也是如此。虽然在唯物史观传入之初，他们便表现出对马克思主义、唯物史观的强烈倾向，但他们在阶级斗争的问题上持有一定保留态度，这一方面是因为辛亥革命后，激进的革命手段虽然推翻了清王朝，但革命后的社会

---

① 陈独秀：《〈新青年〉宣言》，《陈独秀著作选编》第 2 卷，上海人民出版社，2009，第 131 页。

② 李大钊：《再论问题与主义》，《李大钊全集》第 3 卷，人民出版社，2013，第 51 页。

③ 具体可参阅毛泽东《问题研究会章程》，载《毛泽东早期文稿》，湖南出版社，1990，第 396 页。

现状更让时人大跌眼镜，一时间他们对激进革命产生了一定的排斥。加之，在俄国十月革命前，空想社会主义与马克思的科学社会主义之间的差别一时难以辨识。因此，在改良主义思想的影响下，大部分知识分子倾向于通过渐进改良的方式进入社会主义。另一方面，阶级斗争理论在中国的早期传播过程中，对于如何处理其与"经济决定论"之间的关系，如何看待阶级斗争与唯物史观的关系等问题，还需要理论上的进一步阐释和解答。因此，在某种意义上，早期马克思主义者是在"实用性"原则的指导下总结实践经验和理论原则而转向阶级斗争的。换句话说，一方面，他们是经过对其他社会主义思潮的鉴别和尝试后而转向阶级斗争的；另一方面，他们通过提出意志问题将阶级斗争理论纳入唯物史观的理论体系，在理论上阐明了阶级斗争是社会发展的动力。

一　空想社会主义的尝试

五四运动前后，在社会改造思想的影响下，形形色色的社会改造方案纷纷被提出来。孙中山认为可以通过"平均地权"的方式，不仅在经济上、技术上借鉴西方资本主义的成功经验，而且可以避免在中国出现类似西方的严重的贫富分化现象。① 无政府主义者虽然坚持阶级斗争，但一方面，他们将阶级斗争视为摧毁国家、一切强权的手段。师复指出："吾人为欲实现无政府共产之社会，所用之唯一手段则曰'革命'。"② 另一方面，他们更明确提出其目的是"破坏主义"，阶级革命胜利后不是建立无产阶级专政国家，"乃以无政府主

---

① 孙中山：《在上海中国社会党的演说》，《孙中山全集》第 2 卷，中华书局，1982，第 320 页。
② 师复：《无政府共产主义同志社宣言书》，《民声》1914 年第 17 期。

义为目的者也"。① 还有一大批在互助论思想影响之下兴起的新村主义和工读互助主义，在当时影响较大的是工读互助主义。

1919 年底，少年中国学会执行部主任王光祈在北京《晨报》上发表了《城市中的新生活》一文，首先提出了工读互助的主张。陈独秀与李大钊、蔡元培、胡适等人对此积极响应。陈独秀不仅称赞"克罗马（即马克思）底资本论，克波客拉（即克鲁泡特金）底互助论"是"我们持论底榜样"②，而且积极进行宣传。陈独秀等人在《新青年》和《民国日报》上发表《工读互助团募款启事》，组织募捐活动，并指出工读互助团"实行半工半读主义"。工读互助团成立后规定，团员每人每日必须工作 4 小时，生活必需品由团体供给，教育、医疗和图书费也由团体供给，工作所得归团体公有。他们认为，工读互助团是新社会的"胎儿"，通过工读互助团的逐渐推广，可以实现"各尽所能，各取所需"的共产主义理想。③ 在北京工读互助团的影响下，全国兴起了成立互助团热潮，上海、天津、南京、武昌、广州、扬州等地也先后成立或准备成立类似的团体。

毛泽东和恽代英是新村主义的积极响应者。从湖南一师毕业后，毛泽东在新村主义的影响下成立工读同志会，实行半工半读，"共同生产，共同消费"，他将建立新村视为自己"数年来的梦想"。④ 虽然这一计划最终未实行，但青年毛泽东在《学生之工作》一文及在致周世钊的信中对这一理性社会进行了详细的规划和设

① 《社会主义讲习所第一次开会记事》，《新世纪》第 22 期，1907。
② 陈独秀：《告新文化运动的诸同志》，《陈独秀著作选编》第 2 卷，上海人民出版社，2009，第 173 页。
③ 参见唐宝林《陈独秀全传》，社会科学文献出版社，2013，第 225~226 页。
④ 毛泽东：《学生之工作》，载《毛泽东早期文稿》，湖南出版社，1990，第 449 页。

想。他的总体计划是创办一个学校式的新村，在时间安排上，"学校教授之时间，宜力求减少，使学生多自动研究及工作"，他将每日时间划分为六分，睡眠和读书各占两分，游息与工作各占一分；在工作安排上，他列举了种园、种田、种林、畜牧等六项；在工作内容上，要求"工作须为生产的，与实际生活的"，能够"使之直接生产""合于实际生活"，并"养成乐于农村生活之习惯"；在具体的分工上，"各项工作非欲一人做遍，乃使众人分工，一人只做一项，或一项以上"。① 毛泽东认为通过创立新村可以创造新家庭，从而创造新社会。恽代英也是工读互助的积极响应者，早在1917年他就在武昌成立了以"互助社"为名的进步社团，"定名互助社，取克鲁泡特金新进化论的意义"。② 对于五四运动后兴起的新村主义，恽代英也进行了具体的设想，在1919年11月1日的日记中，他写道："我与香浦（即林育南——引者注）谈，都很赞成将来组织新村……我想，我们新村的生活，可以农业为根本，兼种果木，兼营畜牧。这样做去，必然安闲而愉快。"③ 虽然在空想社会主义和无政府主义的影响下，中国先进分子进行了一系列试验和设想，但在民初混乱的政局中，空想社会主义终究沦为空想，无政府主义因极端化的社会理想被越来越多的知识分子所抛弃；轰轰烈烈的工读互助主义运动也因为经费不足、脱离实际，没有坚持多久，相继以失败告终。

工读互助主义运动的失败使许多初步拥有共产主义思想的知识分子认识到那种"一点一滴"渐进式的改良主义方法是行不通的。施存统在《"工读互助团"底实验和教训》一文中总结了两大教

---

① 毛泽东：《学生之工作》，载《毛泽东早期文稿》，湖南出版社，1990，第449~457页。
② 恽代英：《互助社的第一年》，《恽代英全集》第2卷，人民出版社，2014，第113页。
③ 《恽代英全集》第3卷，人民出版社，2014，第328页。

训："一、要改造社会，须从根本上谋全体的改造，枝枝节节地一部分的改造，是不中用的。二、社会没有根本改造以前，不能试验新生活；不论工读互助团和新村。"他进一步指出："既然免不掉现实社会底支配，当然要发生许多试验新生活底障碍。如果要免除这些试验新生活底障碍，惟有把这些障碍根本打翻。要打翻这些障碍，惟有合全人类同起革命之一法。"①在这场试验中，施存统彻底"觉悟"，他深刻认识到"改造社会要用急进的激烈的方法，钻进社会里去，从根本上谋全体的改造"。②此后不久，陈独秀也在与张东荪的论战中明确指出："在全社会底一种经济组织、生产制度未推翻以前，一个人或一团体决没有单独改造底余地"，"是否真是痴人说梦？"③

除了工读互助主义运动的失败让一些知识分子开始反思，重新寻找出路外，一些对无政府主义抱有幻想的知识分子也从迷梦中清醒。毛泽东在写给蔡和森的信中指出："对于绝对的自由主义，无政府的主义，以及德谟克拉西主义，依我现在的看法，都只认为于理论上说得好听，事实上是做不到的。"④蔡和森在写给毛泽东的回信中也指出："无政府党最后的理想我以列宁与他无二致。不过要做到无政府的地步，我以为一定要经俄国现在所用的方法，无产阶级专政乃是一个惟一无二的方法，舍此方法。试问政权不在手，怎样去改造社会？怎样去组织共产主义的生产和消费？"⑤通过对比形形色色的社会主义学说，早期马克思主义者认识到，渐进改良

---

① 施存统：《"工读互助团"底实验和教训》，《星期评论·劳动纪念号》第48期，1920。
② 《五四时期的社团》第2册，生活·读书·新知三联书店，1979，第420页。
③ 陈独秀：《关于社会主义的讨论》，《陈独秀著作选编》第2卷，上海人民出版社，2009，第309页。
④ 《毛泽东书信选集》，中央文献出版社，2003，第6页。
⑤ 《蔡和森文集》，人民出版社，2013，第76页。

的社会改造方案在中国行不通，空想必须代之以科学，而科学的社会主义不仅要具有理论的解释力，还需要具有客观的实用性，于是马克思主义脱颖而出。

二　早期马克思主义者对阶级斗争理论的完善

五四运动前后，随着人们对唯物史观的传播和关注，马克思的阶级斗争理论也成为时人研究和传播的对象之一。无论是早期传播阶级斗争的国民党人还是早期马克思主义者，均承认中国社会普遍存在阶级，承认阶级斗争在社会历史发展中的重要作用。国民党早期理论家胡汉民指出："自有史以来，我们晓得所有的社会，都是阶级的社会。"[①] 朱执信指出："阶级斗争，本来是现存的事实，不是想出来的手段。"[②] 林云陔也指出："自原始共产时代之后，人类已自分为经济阶级，所有一切历史已成为阶级斗争之历史。"[③] 早期马克思主义者十分重视马克思的阶级斗争理论。李大钊在《我的马克思主义观》中写道，马克思的社会主义理论分为三个部分，即"社会组织进化论"、"经济论"、"政策论"或"社会主义运动论"。这三个理论之间密不可分，而"阶级竞争说恰如一条金线，把这三大原理从根本上联络起来"。"与他的唯物力〔史〕观很有密切关系的，还有那阶级竞争说。"他指出，从马克思和恩格斯的《共产党宣言》中的"从来的历史都是阶级竞争的历史"以及马克思的《〈政治经济学批判〉序言》中"从来的历史尽是在阶级对立——固然在种种时代呈种种形式——中进行的"两句论述就可以证明阶级竞争与唯物史观有密

---

① 胡汉民：《阶级与道德学说》，《建设》1920 年第 1 卷第 6 期。
② 《朱执信集》下册，中华书局，1979，第 879 页。
③ 林云陔：《阶级斗争之研究》，《建设》1920 年第 2 卷第 6 期。

切的关系。① 陈独秀在《谈政治》中也旗帜鲜明地捍卫马克思的阶级斗争学说:"我敢说:若不经过阶级战争……德谟克拉西必然永远是资产阶级底专有物。"② 毛泽东也回忆道:"记得我在一九二〇年,第一次看了考茨基著的《阶级斗争》,陈望道翻译的《共产党宣言》,和一个英国人作的《社会主义史》,我才知道人类自有史以来就有阶级斗争,阶级斗争是社会发展的原动力,初步地得到认识问题的方法论。可是这些书上……我只取了它四个字'阶级斗争',老老实实地来开始研究实际的阶级斗争。"③ 然而,阶级斗争在早期传播过程中逐渐暴露出两个问题。第一,就早期马克思主义者而言,他们普遍将阶级斗争与唯物史观割裂开来,将它们并列视为马克思主义理论的组成部分,并未将阶级斗争纳入唯物史观的解释体系。例如,李达将马克思的社会主义重要原则分为五个部分,即唯物史观、资本集中说、资本主义崩坏说、剩余价值说和阶级斗争。④ 恽代英认为,马克思的唯物史观和阶级斗争,一个是被马克思应用的方法,一个是被马克思发现的事实,二者有根本的区别。⑤ 第二,唯物史观传播的过程中由于一些人过于强调"经济决定"而被时人诟病为一种机械论和定命论。

面对这些质疑,早期马克思主义者开始认识到只有在理论上解决"经济决定论"与阶级斗争之间的关系,才能有效回应时人对唯物史观的质疑,同时为阶级斗争理论作为中国社会改造的根本手段

① 李大钊:《我的马克思主义观》,《李大钊全集》第3卷,人民出版社,2013,第5、15、16页。
② 陈独秀:《谈政治》,《陈独秀文集》第2卷,人民出版社,2013,第39页。
③ 毛泽东:《关于农村调查》,载《毛泽东农村调查文集》,人民出版社,1982,第21~22页。
④ 李达:《马克思还原》,《李达文集》第1卷,人民出版社,1980,第31页。
⑤ 恽代英:《唯物史观与国民革命》,《中国青年》第95期,1925,第670页。

提供强有力的理论支撑。对此，他们提出了解决方案。第一，将个人意志引入阶级斗争的解释体系，指出马克思主义并不忽视人类意志的能动作用。高一涵认为，"马氏的必然论只表明他自己对于唯物史观的信仰，却不是表明他对于人类理智作用的反对"，他认为马克思所指出的唯物史观的公式，"不但离不开人为，并且必定要得到人为，然后才可以证明公式的准确"，"社会组织变成生产力的障碍物……新生阶级能够打破旧有阶级，能够战胜和他'相敌对'的阶级，然后才能建设起来'新的更高度的'社会组织……由此看来，人类总是制作历史的素因，历史的进化绝不能离开人力，纯粹是机械的作用"。[①] 李汉俊认为唯物史观离开了阶级斗争就会沦为机械论。[②]

第二，从实用性和现实性角度出发，强调阶级斗争对于中国社会改造的重要性。李达认为："我国在中国运动社会革命的人，不必专受理论上的拘束，要努力在实行上去做。"[③] 李季提出："马氏固然极力陈说资本集中、产业发达的结果，社会主义必然实现，马氏却未曾说，必须资本集中、产业发达，然后社会主义才能实现。"[④] 施存统认为，虽然阶级斗争表面上与马克思的一些学说有矛盾的地

①　高一涵：《唯物史观的解释》，《国立北京大学社会科学季刊》1924 年第 2 卷第 4 期，第 482~483 页。

②　例如，李汉俊指出："人类如果因着一种原因，先于生产力底进化程度的发生要求社会组织变革的意志，就是生产力还没有进化到相当程度，这社会组织也是能够变革的"，"社会组织是可以先于生产力而进化的，只要人类能够因相当多的原因发生要改变的意志"，因此，李汉俊认为："由上所述，我们可以晓得现在的中国要进化到社会主义，没有一定要经过资本主义充分发展的必要，直接就可以向社会主义的路上去的理由了"，"我们可以晓得我们先于生产力底进化程度而建设更进化的新制度并不是违背了马克思底唯物史观，也没有什么不可能了。"参见李汉俊《我们如何使中国底混乱赶快终止？》，《民国日报·觉悟》1922 年第 1 卷第 1 期。

③　李达：《社会革命底商榷》，《李达文集》第 1 卷，人民出版社，1980，第 56 页。

④　李季：《社会主义与中国》，《新青年》1921 年第 8 卷第 6 期。

方，"但这并不要紧，因为马克思主义底本身，并不是一个死板板的模型。所以我以为我们只要遵守马克思主义底根本原则就是了；至于枝叶政策，是不必拘泥的"，"马克思底共产主义一定可以在中国实行的，不过如何才能实行，却全靠我们的努力了！"[①] 行动固然重要，理论也十分必要。对此，李达发现日本学者山川均的文章在理论上很好地阐述了马克思的经济学说与阶级斗争的关系。他翻译了该文并以《从科学的社会主义到行动的社会主义》为题发表在《新青年》上。在文中，山川均认为马克思学说是一个体系，唯物史观是"马克思学说体系底基础"，马克思的经济学说不仅不与阶级斗争相冲突，而且"马克思经济学说，就是把那躲在阶级的意识和阶级争斗根柢上所有经济实事底分析说明"，"依马克思经济学说看来，社会主义是始于空想而成为科学。而由革命的无产阶级和无产阶级独裁政治底学说看来，科学的社会主义，又是始于行动的社会主义而成为实行的社会主义"。[②] 此外，陈独秀、蔡和森进一步说明了阶级斗争的革命实践在马克思主义理论和中国社会中的重要性。[③]

唯物史观早期传播经历了与阶级斗争从并列到合二为一的过程。

---

① 施存统：《马克思底共产主义》，《新青年》1921年第9卷第4期。

② 李达：《从科学的社会主义到行动的社会主义》，《李达全集》第2卷，人民出版社，2016，第1~3页。

③ 例如，陈独秀明确指出："经济的改造自然占人类改造之主要地位"，"要想把我们的同胞从奴隶境遇中完全救出，非由生产劳动者全体结合起来，用革命的手段打倒本国外国一切资本阶级，跟着俄国的共产党一同试验新的生产方法不可。""我们只有用阶级战争的手段，打倒一切资本阶级，从他们手抢夺来政权；并且用劳动专政的制度，拥护劳动者底政权，建设劳动者的国家以至于无国家，使资本阶级永远不至发生"。参见陈独秀《〈共产党〉月刊短言》，《陈独秀文集》第2卷，人民出版社，2013，第76~77页。蔡和森指出："窃以为马克思主义的骨髓在综合革命说与进化说。专恃革命说则必流为感情的革命主义，专恃进化说则必流为经济的或地域的投机派主义。马克思主义所以立于不败之地者，全在综合此两点耳。"参见蔡和森《马克思学说与中国无产阶级》，《蔡和森文集》上册，人民出版社，2013，第78页。

在这个过程中，唯物史观早期传播者不仅有效地捍卫了马克思的阶级观点，提高了人们的阶级意识，而且有效地回应了时人对唯物史观的质疑，唯物史观在社会改造的运动中越来越具有解释力和实践性。此后，随着中国革命运动的发展，以阶级斗争为核心的唯物史观逐渐成为中国革命的指导思想。

三　阶级斗争的实用性

在经历了空想社会主义实践的失败以及增强了阶级斗争理论应用于中国社会改造的解释力后，阶级斗争以鲜明的实用性和实践性博得了早期马克思主义者的青睐，他们纷纷成为阶级斗争理论的信徒，开始将阶级斗争作为中国社会改造的根本手段。

在同胡适的"问题与主义"论战中，李大钊明确指出马克思主义有解释性和实用性两个方面，但在"根本解决"的问题上，马克思主义的实用性和实践性占主导地位，这一实用性或实践性就是革命，即阶级竞争。他指出："经济问题的解决，是根本解决。"马克思主义的"第一说"就是其解释力，其"第二说"则说明了它的实践性，"就是阶级竞争说，了不注意，丝毫不去用这个学理作工具，为工人联合的实际运动，那经济的革命，恐怕永远不能实现，就能实现，也不知迟了多少时期"。李大钊进一步指出，许多马克思派的社会主义者以及各国的社会党之所以遭遇很大的危机，是因为他们"很吃了这个观念的亏"。[①] 此后，随着李大钊马克思主义理论水平的提高和政治立场的彻底转变，他开始将阶级斗争学说提升至马克思理论体系的核心地位，将阶级竞争视为马克思社会主义理论的"金线"。他从历史发展角度将马克思的社会主义理论分为三个部分：

---

① 李大钊：《再论问题与主义》，《李大钊全集》第3卷，人民出版社，2013，第55页。

"一为关于过去的理论，就是他的历史论"；"二为关于现在的理论，就是他的经济论"；"三为关于将来的理论，就是他的政策论"。这三个部分是一个有机组合的整体。他指出："关于实际运动的手段"，除了"诉于最后的阶级竞争，没有第二个再好的办法"。① 在阐明阶级斗争在社会历史发展中的重要作用后，李大钊进一步阐释了阶级的产生和消灭的理论。他指出，依据马克思主义的理论，阶级斗争不是从来就有的，是在土地公有制崩坏以后才产生的，阶级斗争的背后有着复杂的经济原因。而阶级的产生是因为对生产资料占有的不同。"马氏所说的阶级，就是经济上利害相反的阶级。"这两个阶级在不同的社会形态中通过不同的形式表现出来，到了现代社会，"资本家的生产方法，是社会的生产方法中采敌对形式的最后。阶级竞争也将与这资本家的生产方法同时告终"。② 因此，李大钊指出，阶级斗争并非"与人类历史相终始的"，阶级斗争之存在于有阶级的社会，只有通过阶级斗争消灭阶级，才能达到无阶级的社会主义社会。他引用《共产党宣言》中"从来的历史都是阶级竞争的历史"这句名言，认为马克思的《资本论》是以资本家与工人阶级的对立、斗争的思想为立论基础的，就社会发展来说，无产阶级将是资本主义的掘墓人："资本主义……脚下伏下了很多的敌兵，有加无已，就是那无产阶级。这无产阶级本来是资本主义下的产物，到后来灭资本主义的也就是他。"③ 工人阶级推翻资本家的手段就是阶级斗争："社会组织的改造，必须假手于其社会内的多数人。而为改造运动的基础势力，又必发源于现在的社会组织下立于不利地位的

---

① 李大钊：《我的马克思主义观》，《李大钊全集》第 3 卷，人民出版社，2013，第 5 页。
② 李大钊：《我的马克思主义观》，《李大钊全集》第 3 卷，人民出版社，2013，第 17 页。
③ 李大钊：《我的马克思主义观》，《李大钊全集》第 3 卷，人民出版社，2013，第 39 页。

阶级。"他认为"最后的阶级争斗"是改造社会、消泯阶级的最后手段。①

他指出，"俄国这次大革命，不是独独代表俄国精神，是代表人类共同的精神"，"他是革命的组织，是改造必经的阶段"。② 他将社会主义的发生比作"鸡子在卵壳里发生"，"到鸡子已经发生成熟的时期，便非打破这壳不可"。社会主义就像是卵壳中的鸡子，"到了已经发生成熟的时期，便非打破这资本主义的制度不可"，打破卵壳和打破资本主义的制度，都是革命的现象，"革命乃是我们更大的前程"且"革命是不可避免的"。③ 因此，他明确指出，社会主义的实现必须经过三个阶段——政权的夺取、生产及交换机关的社会化以及生产分配及一般执行事务的组织。其中政权夺取的手段中平和的方式常常归于失败，"革命的方法，就是无产阶级独揽政权"。④

陈独秀在工读互助主义运动试验失败后，开始对比不同的社会主义，他提出："社会主义既然有讲的必要与可能，但是他的派别分歧，我们应该择定一派，若派别不分明，只是一个浑朴的趋向，这种趋向会趋向到资本主义去。"他对比了无政府主义、共产主义、国家社会主义、工团主义和行会社会主义五种社会主义，认为"在俄国才还了马格斯底本来面目叫做共产主义"。他批判德国社会民主党忘记了马克思主义的革命主张，指出："无产阶级专政就是不许有产阶级得到政权的意思，这种制度乃是由完成阶级战争消灭有产阶级做到

① 李大钊：《阶级竞争与互助》，《李大钊全集》第 2 卷，人民出版社，2013，第 481、482 页。
② 李大钊：《俄罗斯革命的过去、现在及将来》，《李大钊全集》第 3 卷，人民出版社，2013，第 367 页。
③ 李大钊：《马克思的经济学说》，《李大钊全集》第 4 卷，人民出版社，2013，第 56~57 页。
④ 李大钊：《社会主义下的经济组织》，《李大钊全集》第 4 卷，人民出版社，2013，第 165 页。

废除一切阶级所必经的道路。"从这些方面来看，"只有俄国底共产党在名义上，在实质上，都真是马格斯主义"。① 因此，陈独秀认为，从中国当时的社会改造与国情来看，只有走共产主义道路，通过阶级斗争的方式才是正确的选择。两年后，陈独秀在广东高师做关于社会主义问题的演讲时，再次对比了几种社会主义，并明确指出："我们相信社会主义，并不是凭空的盲目的——主观的要求；乃是事实的理性的——客观的境界。"② 陈独秀指出，不仅要相信社会主义终将实现的必然性，而且要相信社会主义有实行的可能，这种可能性就建立在马克思共产主义或科学社会主义的实践性——阶级斗争之上。陈独秀明确指出，马克思主义的共产主义，除了有科学的依据，即建立在唯物史观的基础之上，重要的还有"每一步骤都须用革命的方法"，这是马克思主义的特色。他反复指出，马克思的社会主义注重客观的事实，"对于改造社会，不可只看见我们自己主观上意志上改造的必要，必须由客观上观察社会的物质的条件有何种改造的可能"，这是马克思社会主义的根本原则。因此，他指出，"中国劳动阶级和社会主义者的目前工作，首先要做打倒军阀打倒帝国主义的国民革命"。③

在宣扬马克思阶级斗争学说的同时，为了反对无政府主义的渐进改良理论，陈独秀进一步将阶级斗争学说发展为社会革命论。在标志着陈独秀彻底转向马克思主义的文章《谈政治》中，陈独秀就明确表示，被压迫的劳动阶级要反抗强权，只能使用强力。他分

① 陈独秀：《社会主义批评——在广州公立法政学校演讲》，《陈独秀著作选编》第 2 卷，上海人民出版社，2009，第 345、347、349 页。
② 陈独秀：《关于社会主义问题——在广东高师的讲演》，《陈独秀著作选编》第 3 卷，上海人民出版社，2009，第 80 页。
③ 陈独秀：《关于社会主义问题——在广东高师的讲演》，《陈独秀著作选编》第 3 卷，上海人民出版社，2009，第 83、88 页。

别从三个方面论证了采用阶级革命的方式反抗资产阶级的必要性。第一，他一针见血地指出"资产阶级所恐怖的"是"阶级战争的学说"。如果不主张使用强力，不主张阶级战争，"天天不要国家、政治、法律，天天空想自由组织的社会出现"，如此下去，"便再过一万年，那被压迫的劳动阶级也没有翻身的机会"。第二，他指出，由于悠久的发展历史，相较劳动阶级，各国的资产阶级都占据着"优胜的地位"，他们拥有更高明的"知识经验"，要想永久制服他们更是不易，只有采用阶级战争的方式，使用政治的强权，才能防止他们的阴谋活动，才能防止他们的复辟行动。第三，他从人类本性的角度出发，指出人的本性中恶的部分，绝不是单纯地改造制度就可以铲除的。最后，针对反对阶级战争、反对劳动专政的人们，陈独秀旗帜鲜明地指出："我承认用革命的手段建设劳动阶级（即生产阶级）的国家，创造那禁止对内对外一切掠夺的政治法律，为现代社会第一需要。"① 在《答费哲民（妇女、青年、劳动三个问题）》一文中，他再次重申"非用阶级战争的手段来改革社会制度不可"。② 针对蔡和森的信中提出的马克思主义"综合革命说和进化说"的理论，陈独秀将唯物史观与革命理论结合起来，指出社会的进化发展必须通过革命，特别是经济制度的革命："创造历史之最有效最根本的方法，即经济制度的革命。"③ 通过将革命作为改造社会的手段，陈独秀将客观规律与主观能动性相结合，克服了进化论机械发展的弊端，解释了唯物史观可以指导实现跨越

---

① 陈独秀：《谈政治》，《陈独秀著作选编》第 2 卷，上海人民出版社，2009，第 252~254、257 页。

② 陈独秀：《答费哲民（妇女、青年、劳动三个问题）》，《陈独秀著作选编》第 2 卷，上海人民出版社，2009，第 263 页。

③ 陈独秀：《答蔡和森（马克思学说与中国无产阶级）》，《陈独秀著作选编》第 2 卷，上海人民出版社，2009，第 411 页。

式或"毕其功于一役"式的变革，使中国社会既可以摆脱外国资本主义和国内军阀、封建势力的束缚，又可以避免资本主义社会发展所面临的问题，直接进入无阶级的社会主义社会。

正是由于强调革命是人类"创造历史之最有效最根本的方法"，陈独秀主张中国应该采取最激进的革命的方法。在反对张东荪等改良主义基尔特社会主义时，陈独秀指出，就内忧外患的中国社会实际而言，采用改良的方式，借助外国资本主义发展本国工商业再过渡到社会主义的渐进改良的方式具有彻底的不适用性，他反对"完全听着自然的 Evolution（进化），而不加以人力的 Revolution（革命）"。① 他认为要正确地区分革命和作乱，指出革命是"手段"而不是"目的"，除旧布新才是目的，"除旧布新，是要革去旧的换新的，是要从坏处向好处革"。② 革命是新旧制度交替的一种手段，如果革命后没有新的制度出现，那就不能算是真正的革命。而要实现最广泛的社会革命，就需要唤起中国各个阶层的觉醒。三八妇女节时，他呼吁："被轻视的中国妇女们！你们要参加革命，你们要在参加革命运动中，极力要求在身体上在精神上解放你们自己，解放你们数千年来被人轻视被人侮辱被人束缚的一切锁链！"③ 他希望唤醒中国最广大劳动者的革命意识和阶级觉悟，反复告诉劳动者粮食是他们种的，衣服是他们缝的，房子是他们盖的，矿山是他们开的，一切车船机器无一不是他们造的，但他们仍处于社会困苦之中。是什么造成他们这般境遇？陈独秀指出，问题的根源就在于"生产工具不归劳动界公有"，资本家一天富似一天，劳动者一天

---

① 陈独秀：《关于社会主义的讨论》，《陈独秀著作选编》第 2 卷，上海人民出版社，2009，第 309 页。
② 陈独秀：《随感录》，《陈独秀著作选编》第 2 卷，上海人民出版社，2009，第 312 页。
③ 陈独秀：《我的妇女解放观》，《陈独秀著作选编》第 2 卷，上海人民出版社，2009，第 371 页。

穷似一天。而劳动者要想摆脱困苦，"非把资本家私有的土地机器房屋等生产工具改归劳动界大家公有不可"。对此，劳动者就必须团结成一个阶级，形成阶级觉悟，组成反抗资本家阶级的力量，这是"免除困苦之唯一根本方法"，因为"贵族资本家中等社会的国家政府国会省议会县议会，决不能解决劳动界的困苦"，劳动界所能够依赖的只有自己的劳动革命军。① 而要想唤醒劳动阶级的阶级觉悟，使他们自觉拿起革命武器，参与阶级斗争，实行无产阶级的革命与专政，就必须有强大的组织力和战斗力。为了解决无产阶级组织力和战斗力的问题，"非有一个强大的共产党做无产阶级底先锋队与指导者不可"。② 于是，在维经斯基的帮助下，陈独秀开始与李大钊等早期马克思主义者积极筹备创建中国共产党。

受到马克思主义的影响后，毛泽东更多地运用唯物史观包括阶级与阶级斗争的观念来分析和观察中国社会。在《民众的大联合》一文中，他指出，在中国，资本家、地主等强权者与广大的劳动人民在政治、经济和文化教育等各个方面都存在严重的矛盾，贵族和资本主义通过垄断生产资料的方式压榨劳动者："他们既将土地，和机器，房屋，收归他们自己，叫做什么'不动的财产'，又将叫做'动的财产'的金钱，收入他们的府库（银行）。于是替他们作工的千万平民，反只有一佛郎一辨士的零星给与。"贵族和资本家除了在经济上剥削和压榨劳动群众外，还"设军营练兵"，用武力保卫自己的权益，镇压群众，使群众"不敢做声"。③ 通过对贵族和资本家剥削民

① 陈独秀：《告劳动》，《陈独秀著作选编》第2卷，上海人民出版社，2009，第384～385页。
② 陈独秀：《答黄凌霜（无产阶级专政）》，《陈独秀著作选编》第2卷，上海人民出版社，2009，第466页。
③ 毛泽东：《民众的大联合》，载《毛泽东早期文稿》，湖南出版社，1990，第339～340页。

众的揭露,毛泽东希望广大民众能够认清自己的处境和经济地位,为了自己的权利和地位与资本家斗争。

通过创办《湘江评论》等深入的社会实践,毛泽东更加深刻认识到民众力量的强大。1919年末,毛泽东第二次赴京,在李大钊、陈独秀、蔡和森①等马克思主义者的影响下,他进一步学习了马克思主义的学说,彻底转变为马克思主义者②,更加自觉地运用阶级斗争的学说和阶级分析方法。在建党时期至大革命期间,毛泽东运用阶级斗争的学说和阶级分析方法,指出民众的生活困苦的原因:"存在人剥削人,人压迫人的制度",认为这种制度"应该被推翻、彻底改造"。③ 针对戴季陶否定阶级斗争的普遍性的观点,毛泽东指出,"人类由原始社会进化为家长社会、封建社会以至于今日之国家,无不是统治阶级与被统治阶级之阶级斗争的演进"。④ 他认为只有借助群众的力量,通过阶级斗争的方式才能实现彻底的民族独立和国家富强,其他的"中间派"道路都行不通。在《中国国民党对全国及海外全体党员解释革命策略之通告》中,他明确指出:"本党辛亥革命所以未能成功,即因当时反革命派势力已有国际的联合,而吾党革命势力尚无国际联合,在国内亦未唤起大多数民众为之基础,完全陷于孤立

① 1920年8月13日,蔡和森在致毛泽东的信中指出:"我近对各种主义综合审谛,觉社会主义真为改造现世对症之方,中国也不能外此。社会主义必要之方法:阶级战争——无产阶级专政。我认为现世革命唯一制胜的方法。我现认清社会主义为资本主义的反映。其重要使命在打破资本经济制度。其方法在无产阶级专政,以政权来改建社会经济制度。故阶级战争质言之就是政治战争、就是把中产阶级那架机器打破(国会政府)。而建设无产阶级那架机器——苏维埃。"参见《蔡和森文集》上册,人民出版社,2013,第56~57页。

② "到了1920年夏天,在理论上,而且在某种程度的行动上,我已成为一个马克思主义者了",参见〔美〕埃德加·斯诺《西行漫记》,董乐山译,生活·读书·新知三联书店,1979,第134页。

③ 周世钊:《毛主席青少年时代的几个故事》,转引自湖南省哲学社会科学研究所哲学研究室编写《毛泽东早期哲学思想研究》,湖南人民出版社,1980,第115页。

④ 《毛泽东文集》第1卷,人民出版社,1993,第34页。

地位，故不得不妥协迁就以至于失败。"① 他认识到革命能否成功的关键在于是否依靠群众。除了李大钊、陈独秀、毛泽东外，其他早期马克思主义者如蔡和森、恽代英、李达、瞿秋白等都因马克思科学社会主义具备指导中国社会改造的实用性而成为马克思主义的信徒。

　　社会主义作为西学东渐中的一个重要分支，早在清末民初就传入了中国，但当时其传播范围和影响力都有限。随着西方工人运动和社会主义思潮的高涨，至五四运动时期，社会主义学说开始大规模传入中国，其中既有科学的社会主义即马克思主义，也有形形色色的其他社会主义。在众多社会主义学说中，早期马克思主义者之所以最终选择了马克思主义，特别是接受了阶级斗争作为社会改造的根本武器，与科学的实用理念密不可分。实用理性是中国知识分子的思维传统，在内忧外患的民初政局下，这一思想理念经由实用主义思潮的传播而更加深入知识分子的内心。虽然实用主义是中国人传统实用理性的"强心剂"，但马克思主义因为更加具有"实用性"而最终为中国主流知识分子所选择。对此，李泽厚指出，"就传统心态说，中国的实用理性有与实用主义相近的一面，即重视真理的实用性、现实性"，与此同时，"也有与实用主义不相近的一面，即实用理性更注意长远的效果和具有系统内反馈效应的模式习惯"。② 在李泽厚看来，实用主义虽然强调长期的结果，但不注重短期的结果，虽然承认"道"是行动的工具乃至认识的工具，但"道"往往不具有彻底的物质性。因此，这也是马克思主义最终被选择并被接受的原因。从这个角度出发，阶级斗争理论因为具有彻底的和即时的"实用性"而成为中国先进分子的最终选择。

---

① 《毛泽东年谱（1893~1949）》上册，中央文献出版社，2013，第143页。
② 李泽厚：《试谈马克思主义在中国》，载李泽厚《中国现代思想史论》，生活·读书·新知三联书店，2008，第162页。

第五章　科学主义与唯物史观
结合后的初步实践

——现代人生观的探讨

　　虽然科学的唯物主义、进化主义和实用主义理念为中国先进分子接受唯物史观提供了理论中介，但唯物史观真正与科学主义合二为一并成为科学的代名词是在科学与人生观论战之后。"问题化"的人生观成为引发该论战的背景性因素。

　　张灏在《中国近代思想史的转型时代》一文中将 1895 年至 1920 年前后的一段时间称为中国思想文化由传统过渡到现代、承前启后的关键时期，并认为这一时期中国知识分子普遍产生了以文化认同危机、精神取向危机和价值取向危机为代表的三种文化取向危机。[①] 张灏是从宏观的角度审视了转型时代对中国知识界、思想界产生的影响。从微观视角来看，近代思想界的种种"危机"，反映在每个青年个体身上，具象为"问题化"的人生观。"新文化运动一方面是解放的、希望的，乐观地认为可以在很短的时间内寻找到真正属于'人'的文化，但是解放的另一个方面是生命意义都得由自己重新造起，因此也有人感到茫然而无所适从，对他们而言，新文化运动

---

　　① 张灏：《中国近代思想史的转型时代》，《二十一世纪》1999 年第 4 期，第 29 页。

带来解放，同时也带来烦闷感或失落感"。① 对此，茅盾曾在《我走过的道路》中写道，五四典型青年思考"人生"是什么②，但并未给出明确的答案；五四也一再说文学应该表现人生并且指导人生，但同样没有指出"人生"到底是什么。③ 吴康形容一些青年是："一生的生活，都归于'莫名其妙'。"④ 柔石认为自己的过去是白过了，不知道未来何所在，"'人'究竟是真的还是假的？""一个人，就是所谓人的一个人，究竟是一件什么东西呢？""宇宙啊！为什么有一个'人'的大谜呵？"⑤ 总之，迷茫、失落和困顿成为当时青年人普遍的心理状态。

这种迷茫困惑的极端表现就是自杀事件增加。据北洋政府内务部统计科 1916 年编制的"人口之部"，1916 年京师、京兆自杀者占死亡总人数的比重分别为 4.3% 和 1.0%，自杀手段主要表现为自刃、自经、入水、赴火、投崖、铳戕、服毒，其中女性使用较多的自杀手段为服毒（34.0%）、自经（28.1%）和入水（15.2%），男性使用较多的自杀手段为入水（22.4%）、服毒（21.2%）和自经（20.8%）。⑥ 1919 年 11 月 17 日北京大学学生林德扬在三贝子花园投水自杀事件在知识界引发了轩然大波。事发后第三天，《晨报》就刊登了罗家伦的文章《是青年自杀还是社会杀青年》，此后，《晨报》又陆续刊登了蒋梦麟、李大钊、瞿秋白等人的文章，陈独秀也在

① 王汎森：《烦闷的本质是什么》，载王汎森《思想是生活的一种方式》，北京大学出版社，2018，第 101 页。
② 茅盾：《我走过的道路》，人民文学出版社，1997，第 404 页。
③ 茅盾：《我走过的道路》，人民文学出版社，1997，第 173 页。
④ 吴康：《从思想改造到社会改造》，《新潮》1921 年第 3 卷第 1 期，第 26 页。
⑤ 赵帝江、姚锡佩编《柔石日记》，山西教育出版社，1988，第 11、62、63、71 页。
⑥ 内务部统计科编《内务统计：民国五年分京师人口之部》，转引自海青《"自杀时代的来临？"——二十世纪早期中国知识群体的激烈行为和价值选择》，中国人民大学出版社，2010，"缘起"，第 4 页。

《新青年》上发表了《自杀论》长文。随着社会名流的参与，谈论范围进一步扩大到《时事新报》《曙光》《新社会》《新生命》等刊物，知识界纷纷发表了自己对于青年自杀问题的看法。其中"青年人生观出现了问题"是时人的普遍看法。特别是时人普遍认为青年人生观出现危机的根源在于"社会规范"的失调。这主要体现在新旧社会交替阶段，"原来的信仰都失了权威"，旧有的社会秩序和信仰体系已经崩塌，但新的价值规范和信仰体系尚未完全建立，在这种"混乱"的状态中，一些青年人出现了认知失调和信仰空虚，加之"没有适当的人来作指导"，"主观上自然会受悲观怀疑思想的暗示，心境深处起了人生价值上的根本疑问"，"消极的就流于自杀"。罗家伦将这一问题视为人生观将改未改的"回旋时代"里不可免除的现象。[①] 陈独秀则认为这样的自杀不是"社会杀了他"，而是"思想杀了他"。"忠节大义的思想固然能够杀人，空观、悲观、怀疑的思想也能够杀人呵！"[②] 钱穆认为，"旧的信仰和习惯，尽量破弃，新的方面的建立还遥遥无期"，因此青年人对"要怎么生活"这一简单的问题产生了困惑，以致选择自杀。[③]

"在五四青年的期刊与社团的材料中，我们不时可以看到那一代人对人生、价值等问题迷茫不定、求解无门的彷徨与虚无感，'科学与人生观论战'在1923年发生，其近因固然是《欧游心影录》及东方文化派的兴起，但也是当时青年思想界所埋伏的大问题。"[④]

---

① 志希：《是青年自杀还是社会杀青年》，《新潮》1919年第2卷第2期。
② 陈独秀：《自杀论——思想变动与青年自杀》，《陈独秀著作选编》第2卷，上海人民出版社，2009，第154页。
③ 钱穆：《悼孙以悌》，《史学论丛》（北京）1934年第1期，第3页。
④ 王汎森：《烦闷的本质是什么》，载王汎森《思想是生活的一种方式》，北京大学出版社，2018，第105页。

第一节　玄学派论"人生观"

青年的人生信仰危机自然引起了先进分子的关注，不同学派的知识分子纷纷开出了自己的"处方"。在青年的信仰危机之下，一些知识分子希望青年加强对科学的信仰，把西方科学的基本精神、态度和方法注入中国民族文化心理。对于这一思想，张君劢提出了异议，1923 年，他在清华大学做了题为《人生观》的演讲，明确指出人生观问题不能由外在的科学、物质文明所决定，拉开了科学与人生观论战的序幕。

一　科学不能解释人生观问题

张君劢等玄学派的核心观点是科学不能决定或解释人生观，具体表现在三个方面。

首先，从人生观的特点来看，科学不能解释人生观。张君劢给人生观下了一个定义，指出："我对于我以外之物与人，常有所观察也，主张也，希望也，要求也，是之谓人生观。"他认为这样的人生观是时常发生变化的，"故曰，人生者，变也，活动也，自由也，创造也"。① 人生观具有五个特点："曰主观的，曰直觉的，曰综合的，曰自由意志的，曰单一性的"，无论科学如何发达，人生观问题的解决都绝非科学所能为力，"惟赖诸人类之自身而已"。张君劢指出，"科学之中，有一定之原理原则，而此原理原则，皆有证据"，而人生观不同，"甲一说，乙一说，漫无是非真伪之标准。此何物欤？

---

① 张君劢：《再论人生观与科学并答丁在君》，载张君劢、丁文江等《科学与人生观》，山东人民出版社，1997，第 80 页。

曰，是为人生"。① 人生观并没有一定的标准，更无公例可循。他将
人生观分为"我"和"非我"，并指出"我"是人生观的中心点，
"与我对待"的"非我"是由种种复杂关系构成的，绝不会像数学、
物理等有一定的公式或公例，可以"推诸四海而准焉"。具体来说，
人生观是自由意志的选择，属于形而上学的范畴，不受科学的支配。
因此，他指出"科学"不能解决人生观的问题，表现为五个方面。
"第一，科学为客观的，人生观为主观的。"在张君劢看来，科学中
最重要的标准——客观的效力并不适用于解释人生观的问题，在人生
观的问题上古今圣贤往往"是非各执，绝不能施以一种试验，以证
甲之是与乙之非"。"第二，科学为论理的方法所支配，而人生观则
起于直觉。"张君劢将科学方法归为两类，一个是演绎，另一个是归
纳。他认为无论是自然科学的物理、化学、生物等公理，还是社会
学、政治学，都受到归纳法或演绎法的限制，但人生观"无所谓定
义，无所谓方法"，人生观都是自身良心的产物，是直觉的产物。
"第三，科学可以以分析方法下手，而人生观为综合的。"张君劢认
为"科学关键，厥在分析"，物质可以分为 70 多种元素，心理学也
可以分析出一定的心理元素，而人生观是一个综合体，如果强行分
析，就会失其真义。"第四，科学为因果律所支配，而人生观则为自
由意志的。"张君劢将因果律视为"物质现象之第一公例"。他认为
代表科学普遍性的因果律只适用于物质世界或自然界，不适用于人类
的精神世界或意识世界，人的自由意志是没有标准进行衡量的。"第
五，科学起于对象之相同现象，而人生观起于人格之单一性。"张君
劢认为科学可以根据相同的现象总结出一定的规律，但是人生观具有

---

① 张君劢：《人生观》，载张君劢、丁文江等《科学与人生观》，山东人民出版社，1997，
第 33 页。

非常大的个体差异性，"见于甲者，不得而求之于乙；见于乙者，不得而求之于丙"。① 总之，张君劢认为人类的一切活动都是自由意志的产物，自由意志具有主观性、直觉性、综合性、单一性等特点，这些特点决定了人生观不能被科学所支配。

玄学派的其他人也持有这种自由意志的立场。菊农提出："最要紧的是我们认定人们有自由意志，自由意志便是中心的创造力。""原来'人'与'物'不同之点，正因为'物'是他动的，'人'是自动的。'物'是受支配的，'人'是自由意志的。"② 梁启超认为："人生问题，有大部分是可以——而且必要用科学方法来解决的。却有一小部分——或者还是最重要的部分是超科学的。"他指出这一小部分是情感，在梁启超看来，"人生关涉理智方面的事项，绝对要用科学方法来解决。关于情感方面的事项，绝对的超科学"。③ 总之，玄学派认为，从人生观所具有的自由意志、主观性及情感性等特点来看，科学不能解释人生观。

其次，从科学的内容来看，人生观不属于科学范畴。张君劢对物质科学和精神科学做了区分。他认为物质科学不仅是客观的，而且有一定的公例可遵循，其代表性的学科为物理学、化学、天文学等。如果严格地按照科学的定义，精神科学不属于科学，他将可否预测作为区分科学与否的标准，"夫事之可以预测者，必为因果律所支配者也，今既不能预测，则因果律安在？"张君劢认为，虽然社会科学、精神科学等都被冠以"科学"之名，但它们"实则断不能与物理学

① 张君劢：《人生观》，载张君劢、丁文江等《科学与人生观》，山东人民出版社，1997，第33~40页。
② 菊农：《人格与教育》，载张君劢、丁文江等《科学与人生观》，山东人民出版社，1997，第244、246页。
③ 梁启超：《人生观与科学》，载张君劢、丁文江等《科学与人生观》，山东人民出版社，1997，第139、142页。

生物学同类而并观"。① 张君劢引用了乌尔韦克《社会进步的哲学》中有关"社会科学之力"的论述："［社会］科学之所能为力者，不过排除某种行为之方法，不过确定所以达某部目的之条件。至于全社会大目的之决定，吾人所应选择之方向之决定，则非［社会］科学范围内事。此决定何从而来乎？曰，视社会中各力所构成之活的冲动之复体。所谓社会各力有五：曰物理的、曰生物的、曰心理的、曰社会的、曰精神的。而精神力一端，决非科学所能研究。其潜伏于改良冲动或决定之后，且为达某种理想之意力之最要成分者，远强于其他科学所研究之自然力也。"② 在张君劢看来，社会科学不属于严格意义的科学范畴，人生观更不可用科学来解释。

最后，从科学的方法来看，人生观不属于科学范畴。随着"科玄论战"的展开，越来越多的学者加入了张君劢的玄学派阵营，针对科学派的学者将科学方法等同于科学的观点，玄学派进行了反驳，他们认为不能将科学方法等同于科学。林宰平指出："假如科学方法即是科学自身，然则几何学的方法，应用于绘画音乐等，能否即将绘画音乐叫做几何学；数学方法应用到无线电上，能否说无线电就是数学；物理学应用到医学上，能否说医学就是物理学？这种举例，原是笑话，然亦可见科学方法应用在其他科学上，尚且有各自地位之不同，何况应用到人生观等问题，硬要说他们不能分家，这种理由岂不很近于牵强么？"③ 张东荪十分赞成林宰平的观点，他认为提倡科学，不能仅仅关注抽象的科学方法，"科学各应其对象而各取特殊的方

---

① 张君劢：《再论人生观与科学并答丁在君》，载张君劢、丁文江等《科学与人生观》，山东人民出版社，1997，第79页。

② 张君劢：《再论人生观与科学并答丁在君》，载张君劢、丁文江等《科学与人生观》，山东人民出版社，1997，第78~79页。

③ 林宰平：《读丁在君先生的〈玄学与科学〉》，载张君劢、丁文江等《科学与人生观》，山东人民出版社，1997，第160页。

法……却是非常重要。若抽离这些各别的二次的方法以成根本的方法，势必愈普遍而愈失其独到的精神"，"科学方法不是科学所穿的衣服可以随便剥下来给别的任何人穿的"。[①] 王平陵从五个方面区分了科学与哲学。[②] 因此，不能将科学与科学方法混为一谈，科学方法同样不能解释人生观问题。

二　青年应树立以玄学为基础的人生观

在论证了科学不能解释人生观的问题后，玄学派认为，鉴于西方科学发展的后果，青年应该引以为戒，树立以玄学为基础的人生观。张君劢提出，"我所欲言者，非科学本身问题，乃科学的结果。西欧之物质文明，是科学上最大的成绩"，虽然人类的生活离不开物质，但"以物质文明目之"的欧洲各国"派领事，派银行团代表，投资外国灭人家园"以至于"专求向外发展，不求内部安适"的文明是不能持久的。张君劢认为这也是欧洲爆发第一次世界大战的根源，"物质有限，人欲无穷。谓如此而可为国家久安计为人类幸福计，吾不信焉"。[③] 他进一步讲到，青年学生如果用科学的因果

---

① 张东荪：《劳而无功——评丁在君先生口中的科学》，载张君劢、丁文江等《科学与人生观》，山东人民出版社，1997，第237页。

② 具体为："（一）哲学以实有的全体性及直接性为对象；所以他的原理是具体的，根本的。科学则以实有之部分性及间接性为对象；所以他的原理是抽象的、表面的、假定的。（二）哲学的目标，在创造其规范及价值；科学的目标，在说明或运用其法则与事实，换句话说：哲学以满足全我的要求为目的，科学则惟以满足知的要求，及功利的要求为目的。（三）哲学的机能，为人格的根本性性质，而科学的机能，则为理知作用。（四）哲学之统一原理，对于实有为内在的，故哲学为'自我之学'，或'主观之学'；科学之统一原理，对于实有为外在的，故科学为'非我之学'，或'客观之学'。（五）哲学以解决根本疑问，满足根本要求为职能，科学则以解决实用疑问，满足实用要求为职能。"参见王平陵《"科哲之战"的尾声》，载张君劢、丁文江等《科学与人生观》，山东人民出版社，1997，第304页。

③ 《科学之评价——张君劢先生在中国大学讲》，载张君劢、丁文江等《科学与人生观》，山东人民出版社，1997，第225页。

律来解释人生观，就会陷入因果网的圈套而失去自由性。因此，他认为最好的人生观应该是注意内心的修养，遵从孔孟之道和宋明理学。他指出："所谓明明德，吾日三省，克己复礼之修省功夫，皆有至理存乎其中，不得以空谈目之。"因此他主张："治乱之真理，应将管子之言而颠倒之，曰：'知礼节而后衣食足，知荣辱而后仓廪实'。"① 他认为人生观不应该向外求，而应该通过内省的方式确立，"孟子之所谓'求在我'，孔子之所谓'正己'，即我之所谓内也。本此义以言修身，则功利之念在所必摈，而惟行己之心之所安可矣。以言治国，则富国强兵之念在所必摈，而惟求一国之均而安可矣。吾惟抱此宗旨，故于今日之科学的教育与工商政策，皆所不满意，而必求更张之"。② 在他看来，中国近代以来学习的西方的科学技术都应该摈弃，国家主义、工商政策、科学教育是欧洲文明为人类设置的"三重网罗"，"实为人类前途莫大之危险"，只有通过"内生活修养之说"，才能回到"均而安"的社会，才能摆脱"阶级战争"和"社会革命"的痛苦，破除"种族（民族）之分立"，实现"德化之大同"。在目睹了西方科学发展给人民带来的灾难后，张君劢开始反思，他认为不是科学支配人生观，而是科学为人所用。既然科学是为人所用，那么每个人对其态度就会截然不同，"科学既是人造的，故亦不能逃人类好恶范围以外"，从这一点就可以证明科学不能解决人生观的问题。他认为科学自产生以来，对中国来说虽有益处，但在欧洲"则成为问题，已有数十年之久了"。③

① 张君劢：《再论人生观与科学并答丁在君》，载张君劢、丁文江等《科学与人生观》，山东人民出版社，1997，第118、119页。
② 张君劢：《再论人生观与科学并答丁在君》，载张君劢、丁文江等《科学与人生观》，山东人民出版社，1997，第113页。
③ 《科学之评价——张君劢先生在中国大学讲》，载张君劢、丁文江等《科学与人生观》，山东人民出版社，1997，第221页。

总之，张君劢等玄学派以伯格森、倭伊铿（又译"奥伊肯或倭肯"）、杜里殊（又译"杜里舒"）以及康德的先验主义哲学为依据，并将物质与精神二元对立，认为物质文明不能解释精神现象，劝诫青年应该引以为戒，树立以玄学为基础的人生观。

第二节　科学派论"人生观"

1923 年 4 月，为了回应张君劢在清华大学所做的演讲，丁文江首先在《努力周报》上发表了《玄学与科学——评张君劢的〈人生观〉》一文，批评"玄学鬼附在张君劢的身上"，对于张君劢提出的"科学不能解释人生观"的论断进行了反驳。科学派的核心观点是科学可以解释人生观。

一　科学可以解释人生观

丁文江发文之后，科学派的其他名流如王星拱、唐钺、孙伏园、范寿康等纷纷发文支持丁文江，一致认为科学可以解释人生观。

第一，科学方法适用于人生观。科学派将"科学方法"视为科学的本质。丁文江将科学方法定义为："我们所谓科学方法，不外将世界上的事实分起类来，求他们的秩序。等到分类秩序弄明白了，我们再想出一句最简单明白的话来，概括这许多事实，这叫做科学的公例。"[1] 从科学方法出发，他认为凡是"事实"，都可以用科学方法进行研究，都可以求其"秩序"，都可以变成科学，因此，科学不仅包含自然科学，也包含社会科学，人类社会中的"事实"也可以用科

---

[1]　丁文江：《玄学与科学——评张君劢的〈人生观〉》，《丁文江文集》第 1 卷，湖南教育出版社，2008，第 35 页。

学方法进行研究。在丁文江看来，任何学问都可以成为科学，科学只有程度不同，并无种类差别，他坚信在知识界内科学方法的万能，"在知识里面科学万能；科学的万能，不是在他的材料，而是在他的方法……不是在他的结果，是在他的方法"。① 任鸿隽认为，科学的本质在于方法："科学之本质不在物质，而在方法。"② 他认为科学"非指一化学一物理学或一生物学，而为西方近三百年来用归纳方法研究天然与人为现象所得结果之总和"。③ 他十分推崇"近代西方用归纳法所建立的实验科学"，认为虽然演绎法和归纳法对于科学而言"如车之有两轮，如鸟之有两翼"，西方社会近百年来的进步主要得益于归纳法，而东方人却未尝知归纳法，因此"欲救东方人驰骛空虚之病"，"唯有教以自然科学，以归纳的论理、实验的方法"。④ 他将科学方法视为"科学的种子"，其中实验方法更是对近代科学做出了十分重要的两大贡献：一是避去一切玄理空想，在宇宙间的自然现象上寻求研究的材料；二是这种探讨的路径可以脚踏实地，一步步走向高深。特别是，"现代的科学已与它的方法合而为一……不能说结果是科学，过程不是科学，所有的科学都是在过程中的"。⑤ 因此，科学派从科学方法的视角出发，认为社会科学也是科学。

具体到人生观问题，丁文江的核心观点是："在知识界内，科学方法是万能。"⑥ "科学的万能，科学的普遍，科学的贯通，不在他的

---

① 丁文江：《玄学与科学——答张君劢》，《丁文江文集》第 1 卷，湖南教育出版社，2008，第 57 页。

② 任鸿隽：《科学救国之梦——任鸿隽文存》，上海科技教育出版社，2002，第 23 页。

③ 任鸿隽：《科学救国之梦——任鸿隽文存》，上海科技教育出版社，2002，第 683 页。

④ 任鸿隽：《科学救国之梦——任鸿隽文存》，上海科技教育出版社，2002，第 21 页。

⑤ 任鸿隽：《科学救国之梦——任鸿隽文存》，上海科技教育出版社，2002，第 498~499 页。

⑥ 丁文江：《玄学与科学——评张君劢的〈人生观〉》，《丁文江文集》第 1 卷，湖南教育出版社，2008，第 41 页。

材料，在他的方法。"① 丁文江认为人生观是可以统一的，既然我们有统一"人生观"的义务，就需要用科学方法求是非真伪。所谓科学方法就是将事实进行分类，弄明白事实的秩序，这些事实的秩序就是公例。无论如何复杂，只要是"真"事实，就可以用科学方法求其公例，而且只有懂科学的人才能够了解科学公例。物质科学和精神科学并无分别，纯粹的心理现象都是科学的材料，都受到科学方法的支配。只要是"真"知识，都可以用论理学进行批评研究。② 任鸿隽认为科学的人生观是不可能的，但科学可以解释人生观。他的观点是：科学可以借助物质世界影响人生观。他认为人生观离不开物质世界，它受到物质世界的影响并与物质世界成一定的比例，"物质界的智识愈进于科学的，而人生观之进于科学的，亦与之为比例"。科学借助于物质世界，不仅可以间接地影响或改变人生观，而且可以直接造就人生观。对此，他给出了三点论据：一是科学的真理性使求科学的人都"具有一种猛勇前进，尽瘁于真理的启沦，不知老之将至的人生观"；二是科学的探讨精神深远而没有界限，使求科学的人"心中一切偏见私意，都可以打破"；三是科学研究可以"给人一种因果的观念"。因此，他的结论是人生观的一大部分或全部可以用科学方法去变更或解决。③

第二，科学原理适用于人生观。虽然丁文江和任鸿隽都认为科学方法是万能的，但究竟为什么万能？他们却没有说明。唐钺和王星拱就此展开了进一步论述。唐钺认为："一切心理现象是受因果律所支

① 丁文江：《玄学与科学——评张君劢的〈人生观〉》，《丁文江文集》第 1 卷，湖南教育出版社，2008，第 43 页。
② 丁文江：《玄学与科学——评张君劢的〈人生观〉》，《丁文江文集》第 1 卷，湖南教育出版社，2008，第 40 页。
③ 任叔永：《人生观的科学或科学的人生观》，载张君劢、丁文江等《科学与人生观》，山东人民出版社，1997，第 128~131 页。

配的。"他进一步指出，所谓的因果律就是"一切现象都有原因"；因果律是从经验中得出的，"同一种的因必有同一种果"，不能以不会推知复杂现象的因果去说明该现象无因。具体到人类的心理现象。从行为主义的观点来看，他认为一切心理现象（包括感情、意志、思想等）都是物质现象，纯粹的思想也不过是隐微的语言器官的变动，也同别的物质现象一样受因果律的支配。从经验主义出发，他又指出一切心理现象都是有因的。对于无因论者的观点，唐钺认为，首先他们没有证据说明心理现象无因，直接经验中的"觉得"是靠不住的；其次，物质现象就是心理现象，不是死而固定的，是断续无常的。总之，唐钺认为人生观是"一个人对于世界万物同人类的态度，这种态度是随着一个人的神经构造、经验、知识等而变的"。①

王星拱认为，人生观有两种不同的意义：一是生命之观念，二是生活之态度。"今日最大的责任与需要，是把科学方法应用到人生问题上去。"他认为科学有两个原理，一个是因果之原理，一个是齐一之原理。其中，"因果之原理是说：宇宙中之各种现象，必定有因果的关系，没有无因而至的，也没有不生效果的"。因果原理包含"可分之原理"或"多元之原理"，"辨别出来何者为因，何者为果，那已经把宇宙分为零零碎碎的块片了"。齐一之原理则指"同因必生同果"。他进一步说明，一件东西的性质可以从个体和类两个层面看待。从个体层面来看，个体的性质是无限的性质，这些无限的性质的集合就是物；从类的层面来看，它是"一类中之分子必有的性质"和"一类中之分子性质之平均代表"。而科学的定律是建立在类的性质上，而不是个体的性质之上的。科学事实是个体性质的表现，而科学定律是类的性质之表现。王星拱指出，这两个原理不仅存在于自然

---

① 唐钺：《心理现象与因果律》，载张君劢、丁文江等《科学与人生观》，山东人民出版社，1997，第211~218页。

科学中，也存在于人生的各种现象之中。他认为，首先，从生命之观念出发，有生命的与无生命的、低等动物与高等动物之间并无明显的界限，二者在一定条件下甚至可以相互转化，高等动物的智慧活动和低等动物的本能活动并无根本区别，生物活动和无机界的活动也没有根本区别，因此"凡用以研究无机物质的物理化学，也可以应用于生物问题，用以研究生物的生物学，也可以应用于人生问题"。其次，从生活之态度出发，意志并不是真正自由的，它们也会受到气质遗传和环境的影响，人生观虽不能统一，但人生观由遗传和教育而定，这个原理是统一的。总之，王星拱认为宇宙万物都离不开因果律和齐一律的控制和支配。①

第三，科学具有文化功能。任鸿隽早在《科学》的发刊词中就明确指出科学与道德有着十分紧密的关系，科学可以通过物质间接作用于人的道德，人们通过习得自然社会的定理，就可以规范自己的德行。在推崇科学方法的同时，科学家还提倡实验主义和怀疑主义的科学精神。任鸿隽指出虽然"科学缘附于物质"，但物质非即科学；虽然"科学受成于方法"，但方法也非即科学。"于斯二者之外，科学别有发生之泉源。"② 丁文江认为科学精神是发展科学和提高国民素质的重要工具。他认为科学的精神就是实证精神和怀疑批判精神，"存疑主义是积极的，不是消极的；是奋斗的，不是旁观的。要'严格的不信任一切没有充分证据的东西'，'用比喻和猜想来同我说，是没有用的'。所以无论遇见甚么论断，甚么主义，第一句话是：'拿证据来！'"③ 丁文江提倡牛顿精神，批判张君劢等"玄学

---

① 王星拱：《科学与人生观》，载张君劢、丁文江等《科学与人生观》，山东人民出版社，1997，第 277~285 页。
② 任鸿隽：《科学救国之梦——任鸿隽文存》，上海科技教育出版社，2002，第 68 页。
③ 丁文江：《玄学与科学——答张君劢》，《丁文江文集》第 1 卷，湖南教育出版社，2008，第 58 页。

家"将规律当作定论，认为科学与玄学的根本不同就在于玄学家要组织一个牢固不破的"规律"，从而"人人都把自己的规律当作定论"，认为科学精神与这种规律定论学说完全相反。在丁文江看来，实证主义和怀疑批判的科学精神不仅有利于科学的发展，而且能够陶冶人格。[①] 唐钺也认为科学精神可以促进人类的精神文明发展、陶冶个人的道德情操。唐钺指出："人之德业固非必赖神道教律以维持；而欲其勇猛精进，则非有高尚情操为之阴驱而潜率不可。欲收信仰宗教之利而又无迷信神道之弊者，其惟科学精神所蕴酿之情操乎。"他认为国人思维常受道德和功利主义观念的束缚，为快感和文学性质所左右，是断片的、无统系的，模略的、不准确的，笼统的、空泛的，口头的、字面的，而"现在要补救这些弱点，最好是研究科学，因为科学是绝对同这些坏习惯不相容的。但是，研究科学，并不是引几个科学事实，帮助玄谈，或是用几个科学名词，点缀文章的意思，是要专供深造，运用他的方法，体验他的精神，才行"。在《科学与德行》一文中，他分别从七个方面论证了"科学之有裨于进德"：第一，可以潜移默化，使人恃气傲物之意泯灭于无形；第二，可以正心诚意，使"为善者知其方，施政者探其本，去'头痛治头脚痛治脚'之劳，收'种瓜得瓜种豆得豆'之效"；第三，可以激发爱真理之心，"真积力久"，在"修己接人"之间磨炼道德，"为

---

① 例如，丁文江指出："科学不但无所谓向外，而且是教育同修养最好的工具，因为天天求真理，时时想破除成见，不但使学科学的人有求真理的能力，而且有爱真理的诚心。无论遇见什么事，都能平心静气去分析研究，从复杂中求简单，从紊乱中求秩序；拿论理来训练他的意想，而意想力愈增；用经验来指示他的直觉，而直觉力愈活。了然于宇宙生物心理种种关系，才能够真知道生活的乐趣。这种'活泼泼地'心境，只有拿望远镜仰察过天空的虚漠，用显微镜俯视过生物的幽微的人，方能参领得透彻，又岂是枯坐谈禅，妄言玄理的人所能梦及。诸君只要拿我所举的科学家如达尔文、斯宾塞、赫胥黎、詹姆士、皮尔生的人格来同什么叔本华、尼采比一比，就知道科学教育对于人格影响的重要了。"参见丁文江《玄学与科学——评张君劢的〈人生观〉》，《丁文江文集》第1卷，湖南教育出版社，2008，第43页。

处事以慎，为出言以诚"，"故能宝贵真理以往其身"；第四，可以使人服从公理，"个人服公之心切，斯社会团合之力强"；第五，可以使人知因果，"于以绝苟得幸免之心，而养躬行实践之德"；第六，使人知道德律令既非圣人制作，也非上帝权衡，是有科学根据的，"而后人生循理处善出于心悦诚服，而非由外铄我"；第七，可以涵养人的高尚情操，使人"发民胞物与之情"，从而"举仁民爱物之实者"。①

二　青年应该树立以科学为基础的人生观

虽然科学派力陈科学方法适用于人生观的逐条原因，驳斥了玄学派的观点，但在胡适看来，论战的双方都有一个共同的错误："就是不曾具体地说明科学的人生观是什么？"他指出："君劢的要点是'人生观问题之解决，决非科学所能为力。'我们要答覆他，似乎应该先说明科学应用到人生观问题上去，曾产生什么样子的人生观；这就是说，我们应该是叙述'科学的人生观'是什么，然后讨论这种人生观是否可以成立，是否可以解决人生观的问题，是否像梁〔启超〕先生说的那样贻祸欧洲，流毒人类。"② 于是，为了回应玄学派的问题，胡适提出了十条"科学的人生观"：

（1）根据于天文学和物理学的知识，叫人知道空间的无穷之大。

（2）根据于地质学及古生物学的知识，叫人知道时间的无穷之长。

---

① 具体参见《唐钺文存》，商务印书馆，1925，第 117~123、122、130~138 页。
② 胡适：《〈科学与人生观〉序》，载张君劢、丁文江等《科学与人生观》，山东人民出版社，1997，第 14 页。

（3）根据于一切科学，叫人知道宇宙及其中万物的运行变迁皆是自然的，——自己如此的，——正用不着什么超自然的主宰或造物者。

（4）根据于生物的科学的知识，叫人知道生物界的生存竞争的浪费与惨酷，——因此，叫人更可以明白那"有好生之德"的主宰的假设是不能成立的。

（5）根据于生物学、生理学、心理学的知识，叫人知道人不过是动物的一种，他和别种动物只有程度的差异，并无种类的区别。

（6）根据于生物的科学及人类学、人种学、社会学的知识，叫人知道生物及人类社会演进的历史和演进的原因。

（7）根据于生物的及心理的科学，叫人知道一切心理的现象都是有因的。

（8）根据于生物学及社会学的知识，叫人知道道德礼教是变迁的，而变迁的原因都是可以用科学方法寻求出来的。

（9）根据于新的物理化学的知识，叫人知道物质不是死的，是活的；不是静的，是动的。

（10）根据于生物学及社会学的知识，叫人知道个人——"小我"——是要死灭的，而人类——"大我"——是不死的，不朽的；叫人知道"为全种万世而生活"就是宗教，就是最高的宗教；而那些替个人谋死后的"天堂""净土"的宗教，乃是自私自利的宗教。①

胡适将他提出的这十条人生观称为"自然主义的人生观"，并认

① 胡适：《〈科学与人生观〉序》，载张君劢、丁文江等《科学与人生观》，山东人民出版社，1997，第23页。

为在自然主义主宰的世界中，因果律笼罩一切，人们可以由因求果，由果推因，解释过去，预测未来。

第三节 早期马克思主义者科学人生观的构建

一 唯物史观派对论战双方的批判

1923 年 11 月，以陈独秀、邓中夏和瞿秋白为代表的早期马克思主义者加入了"科玄论战"。他们站在唯物史观的立场上，应用马克思主义哲学，形成了论战中的第三派——唯物史观派。就科学观而言，唯物史观派将论战的双方分为"非科学的"与"科学的"两派。邓中夏指出："总括起来，东方文化派是假新的，非科学的，科学方法派和唯物史观派是真新的、科学的。"① 具体来说，唯物史观派认为包括玄学派在内的"东方文化派"是"非科学的"，甚至是"反科学的"；"科学方法派"虽然是科学的，但他们的科学具有不彻底性，只有唯物史观才是真正的、彻底的科学。他们分别对这两派的观点进行了批判。

首先，他们批判了玄学派的"非科学性"。陈独秀一针见血地指出，玄学派之所以具有"非科学性"，是因为他们的理论基础是建立在唯心主义之上的。张君劢以自由意志辩护的九种不同的人生观，"都为种种不同客观的因果所支配"，对此"社会科学可一一加以分析的论理的说明，找不出那一种是没有客观的原因，而由于个人主观的直觉的自由意志凭空发生的"；梁启超情感超科学的观点，"不过是农业的宗法社会封建时代应有之人生观"。不论"什么先天的形

---

① 邓中夏：《中国现在的思想界》，《邓中夏全集》上册，人民出版社，2014，第 290 页。

式，什么良心，什么直觉，什么自由意志，一概都是生活状况不同的各时代各民族之社会的暗示所铸而成"。陈独秀认为真正的科学是建立在唯物主义基础之上的，"世界上那里真有什么良心，什么直觉，什么自由意志！"陈独秀认为，所谓的良心、直觉、自由意志都是由客观的物质原因所决定的，"只有客观的物质原因可以变动社会，可以解释历史，可以支配人生观"。① 邓中夏将玄学派统称为"东方文化派"，他认为这一派系内部可以分为三系，梁启超一系所讲的玄学，"底子上虽然是中国思想……却把西洋的'玄学鬼'如伯格森的'直觉'，倭伊铿的'精神生活'，欧立克的'精神元素'"搬来做幌子；梁漱溟和章行严的思想亦是如此，底子上是中国的思想，面子上"涂着些西洋色彩"。他们的这些花样，看起来很容易迷惑青年们，实质上他们都是"代表农业手工业的封建思想（或称宗法思想）"。②

瞿秋白表示科学派与玄学派两派围绕自然科学与社会科学之争"实在打不着痛处"，并指出："所论的问题，在于承认社会现象有因果律与否，承认意志自由与否"。③ 瞿秋白认为人类社会与自然界一样具有规律性。他从四个方面对此进行阐述。第一，人类社会的公律何在。瞿秋白认为以往的学者往往未能回答一个问题，即如何才能发现这些公律？旧派的唯物主义从实用主义出发，对这一问题不予讨论。瞿秋白认为历史现象的研究应当更深一层，瞿秋白给出的答案是必须从群众动机中寻找根源，只有这样"方能发见历史进化里的公

---

① 陈独秀：《〈科学与人生观〉序》，载张君劢、丁文江等《科学与人生观》，山东人民出版社，1997，第3~7页。

② 邓中夏：《中国现在的思想界》，《邓中夏全集》上册，人民出版社，2014，第288~290页。

③ 瞿秋白：《自由世界与必然世界》，《瞿秋白文集：政治理论编》第2卷，人民出版社，2013，第290页。

律以及某一时代或某一地域之特别公律"。① 第二，在解释了"人类社会的公律何在"这一问题后，瞿秋白进一步说明了"公律为何重要"这一问题。瞿秋白指出，既然人类社会的公律可以在群众的动机中找寻，那么"一切历史现象都是必然的"，历史的"偶然"只是因为人类还未完全发现其中的因果，因此"纯粹是主观的说法"。"自由"不在于脱离自然律而独立，而在于探悉公律、利用公律开展有规划的行动，从而达到某种目的，这才是真正的"意志自由"。在人类历史中，就是要将历史的必然与有意识的行动相结合。瞿秋白指出，人类社会从必然世界向自由世界的跳跃的前提是资本主义的生产工具变为公共财产，资本主义的生产制度按照社会关系进行组织。对于人类社会而言，"附条件的必然"② 和"障碍力的必然"③ 都是主观的行动或受动，只有"因果的必然"才是客观的解释，才是历史的必然，只有知道了历史的必然，人的行动才能更加自由，更加容易达到目的。瞿秋白指出，我们"决不能因为既有历史的必然便不要有意识的行动"，自由与必然之间的关系是只有掌握了"必然"，才会更加"自由"。"必然"即公律性是社会学乃至社会科学立足的根基。第三，什么是人类社会的公律，即什么是社会现象的根本原因？"科玄论战"中玄学派认为情感和义务意识是超科学的，但瞿秋白认为社会现象的最后原因在于经济，更精确地说，是生产力。④ 回答了

---

① 瞿秋白：《自由世界与必然世界》，《瞿秋白文集：政治理论编》第 2 卷，人民出版社，2013，第 292~293 页。

② 即有服从的成分在内，具体参见瞿秋白《自由世界与必然世界》，《瞿秋白文集：政治理论编》第 2 卷，人民出版社，2013，第 294~295 页。

③ 指特别的一种力量，强迫我们不能照着自己的心愿去做，而只能做违心之举，具体参见瞿秋白《自由世界与必然世界》，《瞿秋白文集：政治理论编》第 2 卷，人民出版社，2013，第 295 页。

④ 瞿秋白：《自由世界与必然世界》，《瞿秋白文集：政治理论编》第 2 卷，人民出版社，2013，第 299~300 页。

上述三个问题后，瞿秋白明确提出："科学的因果律不但足以解释人生观，而且足以变更人生观。"第四，公律是如何发现的，"新科学智识得之于经济基础里的技术进步及阶级斗争里的社会经验"。①

其次，他们批判了科学派的"不彻底性"。就科学理想而言，因为五四运动时期先进分子的学科志趣不同，中国现代科学认识随之产生了两种不同的路径，一个是以社会人文为主的认识路径，另一个是以自然研究为主的认识路径。前者以《新青年》为中心，代表性人物有陈独秀、胡适等人文社会领域知识分子，后者则以《科学》杂志为中心，代表性人物有任鸿隽、丁文江等留美自然科学家群体。虽然两者的研究路径不同，但无论是陈独秀、胡适等人文社会领域的新文化人，还是自然科学家，都将科学视为救国救民的方法。然而，自然领域的"科学"如何成为救国救民的工具？即如何看待科学的社会属性或科学有没有社会适用性？这一问题成为两派知识分子所面对的共同难题。对此，自然科学家认为，一方面，自然科学的发展进步会带动人类文化的发展进步；另一方面，自然科学中的科学方法——归纳法、普适性科学公例——因果律以及科学精神等对于人类社会同样具有适用性，用这些方法、公例研究人类社会的社会科学也是"科学"。正如任鸿隽在《科学》发刊词中所说的："科学者，缕析以见理，会归以立例，有觊理可寻，可应用以正德利用厚生者也。"②将科学外化于社会领域，自然科学家迈出了第一步，说明了科学适用于社会历史领域，但在唯物史观派看来，他们的科学观具有不彻底性。这种不彻底性一方面体现在他们的自然观上，另一方面则体现在他们的历史观上。在自然观上，陈独秀指出，丁文江等人的是存疑的

---

① 瞿秋白：《自由世界与必然世界》，《瞿秋白文集：政治理论编》第2卷，人民出版社，2013，第302页。
② 任鸿隽：《科学救国之梦——任鸿隽文存》，上海科技教育出版社，2002，第14页。

唯心论，承认宇宙中有不可知的部分，"是沿袭了赫胥黎斯宾塞诸人的谬误"。[1] 在历史观上，他们甚至与玄学派唯心的见解"五十步笑百步"，"走的是一条路"。[2] 总之，在唯物史观派看来，只有彻底的物质一元主义才是彻底的科学。当然，唯物史观派对科学派与玄学派"五十步笑百步"的批评在一定程度上过激。科学派与玄学派在哲学观上存在根本的差别，在宇宙观上，科学派坚持经验一元主义和不可知论，而玄学派则持唯意志主义和非决定论；在历史观上，科学派坚持进化史观，玄学派则持意志论。如此看来，科学派与唯物史观派在"科学"问题上的立场是一致的，不过科学派更强调自然科学领域，而唯物史观派则更注重人类社会。

二　马克思的唯物史观是真正的"科学"

在批判玄学派和科学派的同时，唯物史观派也提出了自己的理论主张，他们认为以唯物史观为基础的马克思主义才是真正彻底的

---

[1]　陈独秀：《〈科学与人生观〉序》，载张君劢、丁文江等《科学与人生观》，山东人民出版社，1997，第 7 页。

[2]　陈独秀批评胡适道："适之果坚持物的原因外，尚有心的原因，——即知识、思想、言论、教育，也可以变动社会，也可以解释历史，也可以支配人生观，——像这样明白主张心物二元论，张君劢必然大摇大摆的来向适之拱手道谢！"参见陈独秀《答适之》，载张君劢、丁文江等《科学与人生观》，山东人民出版社，1997，第 32 页。邓中夏也认为："实验主义终是不澈［彻］底，终是没有胆子否认心身二元论，终多少脱不掉，抽象的哲学家的头中气"，他总结道："他们的主张，是自然科学的宇宙观，机械论的人生观，进化论的历史观，社会化的道德观（皆见胡适之上海大学演讲辞）"。参见邓中夏《思想界的联合战线问题》，《邓中夏全集》上册，人民出版社，2014，第 379 页；邓中夏《中国现在的思想界》，《邓中夏全集》上册，人民出版社，2014，第 290 页。瞿秋白认为，科学派尤其是胡适的"实验主义"的科学观念具有不彻底性："实验主义只能承认一些实用的科学知识及方法，而不能承认科学的真理。实验主义的特性就在于否认一切理论的确定价值"，这种"市侩所需要的是'这样亦有些，那样亦有些'：一点儿科学、一点儿宗教、一点儿道德、一点儿世故人情，一点儿技术知识，色色都全，可是色色都不彻底"，这是因为"对于实验主义，不但没有绝对的现实，并且亦没有客观的现实"，"所谓现实世界只是人的种种色色的感觉之总和"。参见瞿秋白《实验主义与革命哲学》，《瞿秋白文集：政治理论编》第 2 卷，人民出版社，2013，第 610 页。

"科学"。这种彻底性体现在彻底的唯物主义一元论上，"'唯物的历史观'是我们的根本思想，名为历史观，其实不限于历史，并应用于人生观及社会观"。① 其实早在唯物史观传播之初，早期马克思主义者就积极推动将其作为"科学"的代言词，直到"科玄论战"后，他们的这一努力才真正起效。

陈独秀转变为马克思主义者后，逐渐深化了自己自新文化运动以来对科学的认识。在马克思主义特别是唯物史观的指导下，他意识到科学不仅是思想启蒙的工具，而且是改造社会的手段。陈独秀在理论上进一步阐释了"科学的社会性"。对此，他首先扩充了"科学"内涵："科学有广狭二义：狭义的是指自然科学而言，广义是指社会科学而言。社会科学是拿研究自然科学的方法，用在一切社会人事的学问上，像社会学、伦理学、历史学、法律学、经济学等，凡用自然科学方法来研究、说明的都算是科学。"② 通过从自然科学中"抽象"出"方法"的普适性来说明人类社会的"科学性"，这就奠定了社会科学的方法论基础。然而，仅仅说明社会科学的方法论基础还不够，因为实验主义等也是以此立论的，还需要进一步说明"为什么唯物史观"是真正的科学这一问题。陈独秀很快就抓住了这一问题的核心，即进一步确立在社会领域唯物主义的一元论。陈独秀认为这一问题也是"科玄论战"的双方并未回答的根本问题——"科学何以能支配人生观"。陈独秀指出，彻底的唯物论即物质一元论是社会科学立足的基础，"离开了物质一元论，科学便濒于破产"。与自然界一样，人类社会也具有客观性和物质性。马克思的唯物史观就是对人类

---

① 陈独秀：《答适之》，载张君劢、丁文江等《科学与人生观》，山东人民出版社，1997，第 29 页。

② 陈独秀：《新文化运动是什么？》，《陈独秀著作选编》第 2 卷，上海人民出版社，2009，第 217 页。

社会客观物质性的"科学"说明，它指出人类社会所谓客观的物质原因，是以"经济"（即生产方法）为骨干。唯物史观所谓的客观的物质原因，"是指物质的本因而言，由物而发生之心的现象，当然不包括在内"，唯物论者"断不能不承认有心的现象即精神现象这种事实"。① 以唯物论为哲学基础的马克思主义不仅没有"离开人事物质"谈哲学，而且"把人事物质一样一样地分析出不可动摇的事实来"②，它不是站在"云端"，而是脚踩"大地"，它运用自然科学的方法——归纳法揭示了人类社会发展变迁的规律。陈独秀指出："欧洲近代以自然科学证实归纳法，马克思就以自然科学的归纳法应用于社会科学。马克思搜集了许多社会上的事实，一一证明其原理和学说。所以现代的人都称马克思的学说为科学的社会学，因为他应用自然科学归纳法研究社会科学。"③

瞿秋白也认为只有唯物史观才是真正的科学，他明确提出在中国建立科学的社会学。在《社会哲学概论》一文中，他指出唯物论是倾向于科学的，唯心论的根据是万物有灵论。他认为，在世界各国唯心论之所以占主导地位，是因为它对于全社会或某一社会阶级有很大的价值，唯心论经过宗教化，成为某些统治阶级的统治工具，因此，他们必然极力镇压唯物论。但无论是以唯心论还是折衷派思想为根本观念，都无法明白研究，只有"以物质基础的考察，实际状况的调查，来于我们的理论相较，是非正误立刻便可以明白……这就是唯物主义"。在这里，瞿秋白明确指出，研究社会现象，尤其应当考察唯

---

① 陈独秀：《答适之》，载张君劢、丁文江等《科学与人生观》，山东人民出版社，1997，第30页。
② 陈独秀：《答皆平（广东——科学思想）》，《陈独秀著作选编》第2卷，上海人民出版社，2009，第382页。
③ 陈独秀：《马克思的两大精神》，《陈独秀著作选编》第2卷，上海人民出版社，2009，第453页。

物主义的、互辩律的哲学，因为"他是一切社会科学的方法论"。①瞿秋白认为物质和精神的关系问题是哲学中的首要问题，是区分唯物论和唯心论的分水岭，也是社会科学里的先决问题。人是自然界的一部分，所谓的"精神"仅仅是一切现象里的一小部分。从地球上生物的进化顺序来看，从"死"的自然界里发生"活"的生物，从生物里发生能思想的物，因此物质先于精神。从精神的载体来看，精神的发生的依托是"已经组织成一种特定形式的物质"——人的大脑，而人的大脑是人的机体中一种组织得很复杂的物质。总之，"可以有无精神之物质，而不能有无物质之精神"，瞿秋白进一步断言："物质当然是宇宙间一切现象之根本。"瞿秋白指出，除了自然界中唯物论占主导地位外，唯物论也是社会科学研究的基础。在人类社会中，存在社会存在和社会意识之间的矛盾。"社会意识"或"社会精神"是社会科学中的唯心派，他们认为社会是心理的而不是物质的，即社会是无数意志、思想、感觉、愿望互相组成的。而"社会存在"就是社会科学中的唯物派，他们认为物质的生产及其资料（物质的生产力）是人类社会生存的根据，没有这些物质关系，无论什么"社会意识""精神文明"都不可能有。②瞿秋白指出，"解释社会现象的，确是唯物论"③，并指出马克思的《政治经济学批判》是唯物论应用于社会科学的最早的尝试。

瞿秋白认为社会是一个相互联系的大系统，它的基础是生产力之状态及经济关系。社会的唯物论的内涵是：第一，"社会结构内的物质

---

① 瞿秋白：《社会哲学概论》，《瞿秋白文集：政治理论编》第 2 卷，人民出版社，2013，第 328 页。

② 瞿秋白：《社会哲学概论》，《瞿秋白文集：政治理论编》第 2 卷，人民出版社，2013，第 434~438 页。

③ 瞿秋白：《现代社会学》，《瞿秋白文集：政治理论编》第 2 卷，人民出版社，2013，第 440 页。

成分"，"是历史的（社会的）唯物论的根据"，要反对世俗的唯物论和机械的唯物论，世俗的唯物论只限于生物界，机械的唯物论只能用于"死物界"，社会的唯物论是用根本的无机界的唯物论到生物界，再由生物界到社会。第二，物质世界始终在发展变化，因此经济也不断流变。这种流变经历由量变到质变的过程，同时经济的流变也会导致政治、法律、道德、宗教、哲学等上层建筑的生长或消灭。第三，"政治、哲学、思想等既然是'社会的实质'（经济）之产物，当然可以求他的因果联系"，因为"每一种建筑必定有基础，每一种制度及社会现象也必定有客观的原因"。第四，政治等上层建筑随着经济产生，随着经济变化，其中数量上的渐变就是所谓的"进化"，量变积累到一定程度就会引起社会上的突变——大革命。第五，无产阶级的革命是人类最后的革命，革命怒潮时期的破坏是社会迫不得已的牺牲，是社会建设的代价。第六，"社会运动者"——阶级斗争的指导者在思想斗争、经济斗争、政治斗争之中要具有真正的社会科学智识。[①]

瞿秋白认为科学分为自然科学与社会科学，自然科学的研究对象是自然界物质的互相关系或动作，社会科学则是研究社会里人与人之间的互相关系或动作，二者的区别在于研究对象的不同，而不是性质相异，即自然科学研究的方法、公例均可适用于社会科学。"社会科学是研究种种社会现象的科学"。[②]瞿秋白认为社会现象与自然现象之间既有差异又有联系。其中差异体现在自然现象之间的联系"不能以自力变成有规划的"，社会现象之间的联系却能以自力变成有规划的。[③]

[①]　瞿秋白：《社会科学概论》，《瞿秋白文集：政治理论编》第 2 卷，人民出版社，2013，第 582~587 页。

[②]　瞿秋白：《社会科学概论》，《瞿秋白文集：政治理论编》第 2 卷，人民出版社，2013，第 534~535 页。

[③]　瞿秋白：《社会科学概论》，《瞿秋白文集：政治理论编》第 2 卷，人民出版社，2013，第 535 页。

瞿秋白将社会学视为研究社会现象之总和的科学。他提倡"科学的"社会学，他认为现代社会学的定义和范围包含三个要点：第一，"社会学若是科学，他必定研究宇宙间各种现象中某一部份［分］"；第二，"要证明这一部分现象的确应该有一特别的科学来研究他"；第三，"要确定社会学对于其他科学的关系——各种社会科学当然亦在其内"。对此，他对社会学所下的定义为："社会学乃是研究人类社会及其一切现象，并研究社会形式的变迁，各种社会现象相互间的关系，及其变迁之公律的科学。"①

　　总之，早期马克思主义者将唯物史观作为参与"科玄论战"的武器，有力地批判了玄学派和科学派的观点，推动了马克思主义在中国的传播，确立了唯物史观的科学地位。在早期马克思主义者的影响下，知识阶层特别是青年群体掀起了研究"社会科学"的新风潮。各地青年纷纷写信询问如何研究社会科学的问题。对此，恽代英指出："与其从理论的书籍下手，不如从具体的事实下手。"② 施存统提出："我们研究社会科学，还得先从理论上着手。我们先从理论上明白了各种社会现象变化底因果关系，然后才能应用于各种具体的事实上来。我们须知，理论并非凭空臆造出来的，乃是归纳各种具体事实的结论"，"所谓社会科学乃是指各种研究社会现象的实际科学，每一种科学，自然有其必然的定律"。他认为，初次研究社会科学的青年，应当"先研究一种最合理的最能圆满解释社会现象的社会科学理论，然后才宜进而研究各派社会科学理论及各种具体事实"。对于什么是最合理的社会科学的理论，施存统指出，"我以为莫如马克思派的社会科学"，"只有它最能圆满解释各种社会现象。所以研究马

---

① 瞿秋白：《现代社会学》，《瞿秋白文集：政治理论编》第2卷，人民出版社，2013，第389~390页。
② 恽代英：《怎样研究社会科学》，《恽代英全集》第6卷，人民出版社，2014，第187页。

克思学说，是研究社会科学的朋友第一个需要"。他详细地列举了研究马克思主义应看的中文图书："一、马克思主义和达尔文主义——可明社会主义与进化论之关系；二、马克思学说概要——可明全体学说之大略及其各部门；三、共产党宣言——可明共产主义之根据及其精髓"，还有研究唯物史观、经济学说、实际政策、俄国革命等图书。①《清华周刊：书报介绍副刊》自1923年第2期起连续介绍了社会科学方面的入门书目，涉及经济学、发育学、哲学、逻辑及伦理学、心理学。用李泽厚的话说，"科玄论战后，马克思主义在青年中得到更广泛的传播，而五四时期'赛先生'（科学）在这里和以后日益成了马克思主义唯物主义的代称；或者说，马克思主义日益作为科学为人们所理解、接受和信仰"。②

三 青年应该树立乐观迈进及革命的人生观

在批驳了玄学派和科学派的"人生观"以及阐述了唯物史观的科学性后，马克思主义者认为用唯物史观解释人生观，才能使青年形成乐观迈进的人生观，才能指导青年参与改造社会的革命行动，才能指导青年找到自己的历史定位和历史使命。"科玄论战"之后，马克思主义者一方面积极宣传唯物史观与人生观之间的密切关系，引导青年树立乐观迈进的人生观；另一方面，他们通过《中国青年》等杂志积极解答青年在婚恋、就业和求学等方面遇到的实际困难和挫折，引导青年群体参加社会改造运动，形成革命的人生观。

在阐述唯物史观与人生观之间的密切关系方面，李大钊是主力

① 存统：《略谈研究社会科学：也是一个书目录》，《中国青年》第26期，1924。
② 李泽厚：《记中国现代三次学术论战》，载李泽厚《中国现代思想史论》，生活·读书·新知三联书店，2008，第63页。

军。李大钊指出："欲得一正确的人生观，必先得一正确的历史观。"① 自古以来的唯心主义的历史观都是统治阶级愚民的工具，他们的目的是把个人的道德，全都弄到麻木不仁的状态，使人们认定自己的苦难境遇都是天命造成的，"都是超越自己所能辖治的范围以外的势力所左右的"，在这种历史观的统治下，人们不但要服从，还要祈祷，甚至还要在杀他的人的手上接吻。但唯物主义的历史观明确指出，人民的生长和活动，"只能在人民本身的性质中去寻，决不在他们以外的什么势力"。② 与唯心主义的历史观相比，二者具有完全不同的方法：唯心史观"寻社会情状的原因在于社会本身以外，把人当作一只无帆、无楫、无罗盘针的弃舟，漂流于茫茫无涯的荒海中"，而唯物史观则"于人类本身的性质内求达到较善的社会情状的推进力与指导力"；唯心史观"给人以怯懦无能的人生观"，唯物主义"则给人以奋发有为的人生观"。③ 在《史学与哲学》一文中，他进一步强调唯物史观与人生观之间的密切联系，指出"他给了我们一种新的人生［历史］观"，"我们的新时代，全靠我们自己努力去创造。有了这种新的历史观，便可以得到一〈命〉种新的人生观。"新的历史观改变了过去悲观、任运、消极、听天的人生观，给了人们新鲜的勇气和乐观迈进的人生观。④ 李大钊认为，青年只有树立唯物主义的历史观，才能树立正确的人生观，才能"在历史中发见了我们的世界，发见了我们的自己，使我们自觉我们自己的权威"。⑤

---

① 李大钊：《史观》，《李大钊全集》第 4 卷，人民出版社，2013，第 319 页。
② 李大钊：《唯物史观在现代史学上的价值》，《李大钊全集》第 3 卷，人民出版社，2013，第 277~278 页。
③ 李大钊：《唯物史观在现代史学上的价值》，《李大钊全集》第 3 卷，人民出版社，2013，第 279 页。
④ 李大钊：《史学与哲学》，《李大钊全集》第 4 卷，人民出版社，2013，第 204 页。
⑤ 李大钊：《史学要论》，《李大钊全集》第 4 卷，人民出版社，2013，第 568 页。

　　李大钊通过阐释唯物史观与人生观之间的密切关系引导青年树立唯物主义的历史观进而形成乐观迈进的人生观，其他早期马克思主义者如恽代英、萧楚女等也积极在报刊上发表文章，引导青年形成具体的革命的人生观。匡互生（字人俊）指出，"青年们在今日应有正确的人生观。去年《努力周报》人生观的论战称为三十年来东西文化接触后之第一次战争。这种战争对青年是什么意义呢？青年的思想行为不外数种，即是浪漫空想的，切实进取的，颓废腐败的。他们之所以如此，不外他们的人生观的不同"，"希望去年科学与人生观论战，可以引他们决定正确的人生观才好"。[①] 萧楚女提出，"我们眼前这般青年，在自己底内心生活上，大都没有什么信仰"，"我们生活上，一切烦恼、沉闷、悲哀、痛苦"都是因为没有信仰。"一个人底内心没有信仰，就是那个人没有'人生观'。"他呼吁青年树立"革命的信仰"，"以为安身立命之地——以充实我们底生活，把自己和自己所居的社会，一齐从那无边的黑暗之中，拯拔出来"。[②] 早期马克思主义者通过解答和阐述参加革命、参与社会改造与青年在读书、就业乃至恋爱婚姻方面遇到的实际问题和困惑之间的联系，呼吁青年树立革命的人生观。

　　读书、求学和自己的出路问题是当时青年面临的最主要问题，马克思主义者将这些问题同参与社会改造的革命事业联系起来，引导青年树立革命的信仰。例如，因为当时教员的压迫、学校的黑暗，一名青年写信给《中国青年》，咨询恽代英"甚么地方有较好的学校呢"？恽代英指出，"除了根本改造这个社会，什么人可供给较好的学校给这般青年？""青年要有较好的学校么？不是今天从此校跳到彼校，明天从彼校跳到此校，所能达到目的的；最要是自己能够到群众中宣

----

　　① 人俊：《一九二四年的三个希望》，《中国青年》第 12 期，1924。
　　② 楚女：《革命的信仰》，《中国青年》第 12 期，1924。

传，而且尽力促进革命，以根本改造这种社会，只有在较好的社会中间才会有较好的学校。"① 再如，因为付不起学费，准备退学的问题，一个名叫张景良的山西青年写信询问恽代英：

> 代英：我是一个幼儿无父的农家的孤儿，我的母亲和伯母，都不满意我出外读书，然而我对于求学，是火一般的热心，虽几经家庭挫折，未曾稍为灰心。今因寒假旋里，见我伯母病的不了，使得我不冷而战。当时我便自思道："依了她老人家的心志（退学）吧？我已经在师范学校住了五分之三了，再有二年即可毕业，（退学）岂不是'功亏一篑'吗？而且我在家能够做什么？举锄务农么？我有一身'死懒怕动'的毛病，充当小学教员么？自觉学识有些不足，而且也不是长久之计。"全家提起我升学的话，都是颦眉发愁，而且经济也是一大问题。连年我沃农业不收，我家虽不能说"一贫如洗"，总也是贫寒的很，要是我只顾往前求学，岂不是叫全家跟我吃苦吗？这真是教我寸步难行！讲起"个人主义"，我自量不配，而且实在不能；说到"家庭主义"，只好抛弃一切，草木以死而已，还作什么事，求什么学问呢？现在我进退两难，应走向何方，请你指教。

对此，恽代英的回复为："你的问题是普通青年所要遇见的。国家不能把赔款外债移来免费的供给一般青年的教育费用，同时，国家又没有法子保障人民的生计，使一般人民家庭不至于一天天陷于更困难之境，这样，自然会有许多青年同你一样的感觉苦痛。根本的解决，只有改造国家，使他能担保每个家庭都有力量使子弟受圆满的教

---

① 《恽代英全集》第 7 卷，人民出版社，2014，第 329~330 页。另可参见代英《甚么地方有较好的学校呢?》，《中国青年》第 103 期，1925。

育。""在这苟延残喘的期间，最要是拼命尽力赞助革命运动，只有改造了国家，才可以使一切事业安定而报酬加厚的。我不知道除了改造国家以外，有什么可以更满意的解决你这问题的法子。"①

除了读书、就业等问题，另一个经常困扰青年的是婚恋问题。在这一问题上，马克思主义者也将婚恋与经济的压迫和支配、资本主义与无产阶级的矛盾结合起来，给青年指出了一条与国家民族命运相结合的解决方法。例如，1924 年一位名叫燕日章的女子写信给萧楚女，提到她因为家庭和婚姻问题，十分痛苦，纠结于是否应该从中脱离出来。萧楚女回答说，能脱去家庭和婚姻的束缚最好，即使不能脱离，也可以为社会做事：

> 你若真要开放你底胸襟与眼界，与其在那些散乱浪漫的中国子书中去埋头，则不若去读进化论与唯物史观的社会学。从科学的领域里，才可知道宇宙之伟大而得到自己所居的地位。然后才能有一个有条理而且是科学的进取的人生观；才不致陷于那乌托邦的迷途。你可把研究社会学与这一要求合在一起，同时去做。凡关于生物进化（如物种原始，一元哲学之类）及马克思学说，都看一下，那便胜于读五车子书。②

再如，1925 年一位名叫方斌的青年就婚恋问题写信询问恽代英：

> 代英：我因受新文化的刺激，总觉得旧婚制必无好的效果，所以决意要解除我在六岁时定下的婚约，写了一封信给我的双

---

① 《恽代英全集》第 7 卷，人民出版社，2014，第 13~15 页。另可参见《退学呢？使全家跟着吃苦呢？》，《中国青年》第 62 期，1925。

② 《脱离家庭及拒婚问题》，《中国青年》第 33 期，1924。

亲，力陈旧婚制产生的悲惨，请他们允许我的要求。谁知他们不许，尤其是我的母亲，更为固执……使我束手无策。我要对他们说些刺激的话，则恐他们断绝我的经济，然若不及早解决，后来更为棘手。请你替我想一个两全的方法，使我不致堕落。

对此，恽代英回复："最好是能努力于青年之联合，使青年成为革命运动中之主力军，使革命政府不得不拥护青年利益，那时父母绝不敢以无理的压制加于我们身上。"① 他进一步指出，青年人要恋爱，要保持爱情的纯洁，必须"先把压迫中国人的人打倒，再把一切压迫人的人打倒"。"中国要成为一个独立的、自主的、社会主义的中国。没有任何人能够压迫中国的人"，到那时青年男女尽管去做他们甜蜜的美梦。"我是不反对青年的恋爱，但是现在还是不要轻易陷于恋爱的漩涡中间才好。卫青说，'匈奴未灭，何以家为？'是啊！我们要先灭压迫我们的'匈奴'才说得上恋爱啊。"② 比难提出："青年们，我们底热情，应该寄托到反抗压迫的事业上去啊！我们在政治上、经济上因反抗得了自由，自然亦没有今天这些婚姻问题的困难了。"③ 熊熊呼吁青年不要把青春浪费在恋爱之上，青年要肩负使命，为无产阶级革命奋斗："我们如果真要担负历史的使命，完成当前的责任——民族革命，贯澈［彻］终极的目的——无产阶级革命，那便是我们应该把我们的一切，都归为无产阶级革命的终极目的所有，为被压迫民族求解放的神圣争斗所有，我们不应自私，更不应把这神圣的责任为恋爱之魔撕碎！"④

① 《恽代英全集》第 7 卷，人民出版社，2014，第 85～86 页。另可参见《婚约解除之困难》，《中国青年》第 72 期，1925。
② 恽代英：《青年的恋爱问题》，《学生杂志》第 1 期，1923。
③ 比难：《婚姻问题的烦闷》，《中国青年》第 3 期，1923。
④ 熊熊：《介绍共产主义者的恋爱观》《中国青年》第 66 期，1925。

早期马克思主义者认为青年群体要树立乐观迈进及革命的人生观，要多学习马克思主义，学习社会科学，"如果我们有若干社会科学的知识，我们为改造社会，自然会'分途前进'，促进革命事业的成功……我们怎应当忘了对社会运动所负的使命？""所以无论在理论上，无论在实际运动上，做医生的，做工程师的，做新闻记者的，当教员的，研究自然科学的，甚至于商人———一切非专攻社会科学者，都应当'同时是一个社会科学研究者'。中国青年，有某君提倡'无论何人，每日至少应有一个小时研究社会科学'，这个方法，也很值得大家实行的。"① 多研究记述"时事或社会状况的杂志报章""各国革命或阶级斗争的历史或书报""经济原理与经济史观的书籍""心理与群众心理的书籍""国内与国际重要的立法与行政""各种社会主义家的理论与进行计划"。② 只有这样，才能打破现状，推倒一切掠夺阶级，建造一个自由幸福的社会。

---

① 徐文台：《社会科学与择业问题》，《中国青年》第 11 期，1923。
② 恽代英：《对于有志者的三个要求》，《恽代英全集》第 5 卷，人民出版社，2014，第 108~109 页。

结　语

　　19世纪末20世纪初，伴随着西学东渐的浪潮，马克思主义作为社会主义的一种学说进入中国，但在当时并未引起知识界的普遍关注。直至五四运动前后，以唯物史观为核心的马克思主义才真正被中国先进分子所选择和接受。值得注意的是，在这一时期传播唯物史观的知识分子中，既包括具有初步共产主义思想者，也包括许多自由主义者和国民党人士，可以说，这一时期选择和接受唯物史观成为当时知识界的一种共识。问题在于，为什么拥有不同政治立场的先进分子都选择和接受唯物史观？对于这一问题，一些学者从多个角度进行了阐释，如马克思主义在中国的译介为中国先进分子选择唯物史观创造了思想条件，对"中国向何处去"的探寻为中国先进分子选择唯物史观提供了社会基础，唯物史观的理论品质与中国传统文化的契合性，以及阶级基础、俄国十月革命的影响，等等。虽然这些因素都是唯物史观在中国迅速传播的重要原因，但需要思考的是，仅仅这些原因就足以使众多的知识分子不约而同地选择唯物史观作为新的认识工具吗？答案是否定的。不可否认，社会环境因素是促进唯物史观早期传播的重要因素之一，但从接受"主体"的角度出发，即从唯物史观早期传播者的视角来看，无论是国内形势的变化还是国际局势的变迁，这些因素在某种程度上均属于他们接受唯物史观的外因。外因是事物变化发展的原因，内因才是事物变化发展的根据。因此，对于这一问题的分析，不能仅仅从外部因素入手，还需要从接受者"主体"内部的思想变化发展去寻求答案。

从接受者"主体"的视角出发，就会发现中国先进分子之所以选择和接受唯物史观与科学主义在近代中国的逐渐普及有密切关系。科学主义兴起于西方，"在十七、十八世纪的英法，近代科学刚刚兴起，一批杰出的思想家和哲学家成为科学的热心倡导者。他们相信科学是求得真理、有效地控制自然界及解答个人生活和社会问题的唯一正确途径，而且他们把科学作为抨击传统神学乃至王权的思想武器，把科学作为其社会变革哲学的合法性依据"。① 可以说，科学主义在兴起之初便具有了"科学方法万能论"的工具性与"社会功利主义"的意识形态性两种特征。事实上，西方科学主义传入中国及在中国的传播也在一定程度上体现出科学主义这两个特征。虽然科学主义在传入中国之初便受到了知识界的热捧，但在五四运动时期众多的思想浪潮之中，它却未能取得最终的胜利，在某种程度上，西方科学主义在中国的传播促进了中国先进分子选择和接受唯物史观。

这首先体现在思想启蒙上。晚清以降，西方的"船坚炮利"不仅击破了国人"天朝上国"的美梦，也让开明之士见识到科学的力量。在亡国灭种的危机之下，中国先进分子认识到要救亡图存，不仅要学习西方的"船坚炮利"，而且要利用科学知识"开民智，促启蒙"。在开明之士的努力下，新式教育和报刊媒介成为科学启蒙的重要载体。一方面，随着科举制废除以及"壬寅学制"和"癸卯学制"相继颁行，在教学内容上开始教授物理、化学、地理等自然科学知识；在课程设置上，开始实行分科之学；在学制设置上，不仅有正规的七年学制，还有专门的实业学堂和师范学堂等。新式教育开启了学

---

① 顾昕：《唯科学主义与中国近现代知识分子》，《自然辩证法通讯》1990 年第 3 期，第 29 页。

生的"科学"启蒙，五四运动时期的一大批先进分子就是新式教育培养出的具备科学常识的一代"新民"。李大钊曾回忆道："我到了永平府，在中学校里学习启蒙科学，这是我学习英语的开端。"① 另一方面，被梁启超誉为传播文明的利器之一的报刊也肩负起开启民众智识的重要任务。早期的《时务报》《新民丛报》是陈独秀、毛泽东、高一涵等先进分子"开眼看世界"的重要媒介，后期的一些白话报刊，如《启蒙画报》《京话日报》等也是梁漱溟、郭沫若、茅盾等的启蒙读物。还有一些知识分子通过留学海外实现了思想转变，但就当时国内的情形而言，新式教育和报刊媒介是传播科学常识的重要载体。通过早期的科学启蒙，一些基本的天文地理、卫生健康等科学知识成为"常识"。在一定意义上，科学启蒙思潮促使中国先进分子完成了思想上的第一次转变，即由传统的科举儒士转变为具备一定"科学"知识的"新民"。总之，科学主义思想的早期传播为唯物史观在中国的早期传播奠定了思想基础和人才基础。

科学主义还为唯物史观的早期传播扫清了障碍、架设了桥梁。这集中体现在科学主义的三个理念上。首先，科学的唯物主义理念为唯物史观早期传播扫清了唯心主义的障碍，唯物主义与唯物史观在理论上的同构性也为先进分子接受唯物史观提供了理论中介。历史上，唯心主义在中国思想界占有主导地位，虽然在中国哲学和思想发展史中，唯物主义也曾昙花一现，但其始终没有像西方那样经历过机械唯物主义占统治地位的阶段，直到科学思潮传入，中国传统的唯心主义思想的主导地位才开始动摇和逐渐瓦解，唯物主义开始成为中国先进分子认识世界和改造世界的工具，而这一工具也成为他们接受唯物史观的基础。一方面，唯物主义是马克思、恩格斯创立唯物史观的思想

---

① 朱文通主编《李大钊年谱长编》，中国社会科学出版社，2009，第110页。

基础；另一方面，唯物史观不仅是唯物的，而且是更加彻底的唯物主义，它不仅指明物质性是自然界的本原，也指出物质生产是制约人类社会发展的根本，为中国先进分子重新认识和改造社会提供了新的思路。其次，科学的进化主义理念为唯物史观早期传播扫清了变易史观的障碍，进化主义与唯物史观社会进化论的理论同构性为先进分子选择和接受唯物史观提供了理论中介。换句话说，进化主义理念使中国知识分子改变了传统的循环史观和退化史观，使他们开始接受线性进步的历史观，而唯物史观不仅是进步的史观，也是更彻底的进步史观。唯物史观不仅说明了人类社会的进步性，而且阐明了人类社会发展进步的方向、主体和动力。最后，科学的实用主义使中国传统的知识分子所秉持的实用理性有了"科学"依据，空想社会主义的失败及苏俄社会主义的成功让早期马克思主义者认识到马克思主义与其他社会主义的不同，"批判的武器不能代表武器的批判"，在"有效即真理"原则的指导下，他们纷纷拿起了阶级斗争的武器作为社会改造的根本途径。总之，唯物史观在继承了科学主义精华的基础上，又完成了对科学主义的超越。

在科学主义理念的促进之下选择和接受唯物史观的早期马克思主义者，通过参与科学与人生观论战，将科学主义与唯物史观合二为一，不仅促进了马克思主义在青年中的广泛传播，而且使马克思主义作为意识形态与科学相融合，开始具体指导中国的革命实践，推动了大革命高潮的到来。

总体而言，本书认为科学主义是促使中国先进分子选择和接受唯物史观的重要因素，首先，科学主义思想为唯物史观的早期传播奠定了思想和人才基础；其次，科学的唯物主义、进化主义和实用主义为中国先进分子选择和接受唯物史观扫清了障碍、架设了桥梁；最后，"科玄论战"之后，唯物史观开始与科学相融合，并成为"科学"的代名词。此后，随着 20 世纪 30 年代中国社会史论战的展开，唯物史观通过与辩证法相结合，开始从"书斋"走向"社会"，以马克思主义为核心的社会科学逐渐成为学界的主流，不仅为"中国向何处去"提供了现实路径，而且为中国共产党革命的合法性提供了科学的理论支撑。

参考文献

一 民国报刊及教科书

《清议报》

《安徽俗话报》

《宁波白话报》

《中国白话报》

《国民日日报》

《光华学报》

《扬子江》

《扬子江白话报》

《真相画报》

《新民丛报》

《礼拜六》

《妇女杂志》

《东方杂志》

《小说时报》

《顺天时报》

《敝帚千金》

《普通学报》

《编辑学刊》

《时务报》

《新青年》

《民声》

《天义报》

《励学译编》

《学艺》

《民国日报·觉悟》

《建设》

《大公报·文学副刊》

《学衡》

《申报》

《亚洲学术杂志》

《晨报》

《中国青年》

《共产党》月刊

《评论之评论》

《译书汇编》

《时事新报》

《新潮》

《星期评论》

《新民丛报》

《地学杂志》

《北直农话报》

丁福保：《蒙学卫生教科书》，文明书局，1903。

《蒙学格致教科书》，文明书局，1903。

谢洪赉：《最新理科教科书》（高等小学用），商务印书馆，1909。

《字课图说》，鸿宝书局，1901。

樊炳清、庄俞：《共和国教科书新国文：高等小学秋季始业》第1、7册，商务印书馆，1912。

沈颐、戴克敦：《共和国教科书新修身：初等小学春季始业》第8册，商务印书馆，1913。

〔日〕加藤弘之：《天则百话》，吴建常译，广智书局，1903。

〔日〕浮田和民：《史学通论》，李浩生译，合众译书局，1903。

二　中文著作

《李大钊全集》，人民出版社，2013。

《李大钊选集》，人民出版社，1959。

《陈独秀著作选编》，上海人民出版社，2009。

《陈独秀文集》，人民出版社，2013。

《瞿秋白文集：政治理论编》，人民出版社，2013。

《瞿秋白选集》，人民出版社，1985。

《蔡和森文集》，人民出版社，2013。

《李达文集》，人民出版社，1980~1988。

《李达全集》，人民出版社，2016。

《毛泽东早期文稿》，湖南出版社，1990。

《毛泽东年谱（1893~1949）》，中央文献出版社，2013。

《毛泽东文集》，人民出版社，1993~1999。

《毛泽东农村调查文集》，人民出版社，1982。

《邓小平文选》第3卷，人民出版社，1993。

《鲁迅全集》，人民文学出版社，2005。

《孙中山选集》，人民出版社，2011。

《杨匏安文集》，中央文献出版社，1996。

《朱执信集》，中华书局，2012。

《陈望道全集》，浙江大学出版社，2011。

《蔡和森年谱》，湘潭大学出版社，2008。

《陈天华集》，湖南人民出版社，1982。

莫世祥编《马君武集》，华中师范大学出版社，2011。

《严复集》，中华书局，1986。

梁启超：《饮冰室合集·专集》，中华书局，1936。

《郭沫若全集：文学编》，人民文学出版社，1992。

《梁漱溟全集》，山东人民出版社，2005。

《吴虞集》，四川人民出版社，1985。

《唐钺文集》，北京大学出版社，2001。

《科学通论》，中国科学社，1934。

《丁文江文集》，湖南教育出版社，2008。

任鸿隽：《科学救国之梦——任鸿隽文存》，上海科技教育出版社，2002。

张君劢：《中西印哲学文集》，学生书局，1981。

张君劢、丁文江等：《科学与人生观》，山东人民出版社，1997。

蔡和森：《社会进化史》，东方出版社，1996。

张静庐辑注《中国近代出版史料补编》，中华书局，1957。

蔡尚思主编《中国现代思想史资料简编》第 2 卷，浙江人民出版社，1983。

苏精：《清季同文馆及其师生》，台北：上海印刷厂，1985。

《民国时期总数目（1911~1949）——中小学教材》，书目文献出版社，1995。

舒新城编《中国近代教育史资料》，人民教育出版社，1961。

丁守和主编《辛亥革命时期期刊介绍》，人民出版社，1982。

张枬、王忍之编《辛亥革命前十年间时论选集》，生活·读书·新知三联书店，1960。

郑学稼：《陈独秀传》，时报文化出版企业有限公司，1989。

任建树：《陈独秀传——从秀才到总书记》，上海人民出版社，1989。

唐宝林、林茂生编写《陈独秀年谱（1879~1942）》，上海人民出版社，1988。

唐宝林：《陈独秀全传》，社会科学文献出版社，2013。

王观泉：《被绑的普罗米修斯——陈独秀传》，银禾文化事业有限公司，1996。

朱文通主编《李大钊年谱长编》，中国社会科学出版社，2009。

朱志敏：《李大钊传》，山东人民出版社，1998。

《李大钊史事综录》，北京大学出版社，1989。

朱成甲：《李大钊早期思想和近代中国》，河北人民出版社，1989。

王铁仙、刘福勤主编《瞿秋白传》，人民出版社，2011。

黎洁华、虞苇：《戴季陶传》，广东人民出版社，2003。

胡适：《四十自述》，中国华侨出版社，1994。

李季：《我的生平》，亚东图书馆，1932。

闾小波：《中国早期现代化中的传播媒介》，上海三联书店，1995。

中国社会科学院近代史研究所编《五四运动回忆录》，中国社会科学出版社，1979。

《中国哲学史资料选辑》（近代之部上），中华书局，1983。

中国革命博物馆、湖南省博物馆编《新民学会资料》，人民出版社，1980。

梁漱溟：《东西文化及其哲学》，商务印书馆，1999。

茅盾：《我走过的道路》，人民文学出版社，1997。

赵帝江、姚锡佩编《柔石日记》，山西教育出版社，1988。

海青：《"自杀时代的来临？"——二十世纪早期中国知识群体的激烈行为和价值选择》，中国人民大学出版社，2010。

黄美真等编《上海大学史料》，复旦大学出版社，1984。

梁枫：《唯物史观在中国的历史命运论纲》，北京大学出版社，2000。

吕希晨、何敬文主编《中国现代唯物史观史》，天津人民出版社，2003。

瞿林东等：《唯物史观与中国历史学》，上海人民出版社，2013。

高军、王桧林、杨树标：《五四运动前马克思主义在中国的介绍与传播》，湖南人民出版社，1986。

林代昭、潘国华编《马克思主义在中国：从影响的传入到传播》，清华大学出版社，1983。

姜义华编《社会主义学说在中国的初期传播》，复旦大学出版社，1984。

《社会主义思想在中国的传播》（资料选辑之一），中共中央党校科研办公室，1985。

杨奎松、董士伟：《海市蜃楼与大漠绿洲——中国近代社会主义思潮研究》，上海人民出版社，1991。

谭汝谦主编《中国译日本书综合目录》，香港中文大学出版社，1980。

陈万雄：《五四新文化运动的源流》，生活·读书·新知三联书店，1997。

郭湛波：《近五十年中国思想史》，上海古籍出版社，2010。

冯契：《中国近代哲学的革命历程》，上海人民出版社，1989。

《思想的历程》创作组编《思想的历程：马克思主义在中国的百年传播》，中央编译出版社，2012。

罗海滢：《李达唯物史观思想研究》，暨南大学出版社，2008。

唐宝林等编《马克思主义在中国 100 年》，安徽人民出版社，1997。

庄福龄主编《中国马克思主义哲学传播史》，中国人民大学出版社，1988。

钟家栋、王世根：《马克思主义在中国》，上海人民出版社，1998。

杨国荣：《科学的形上之维：中国近代科学主义的形成与衍化》，上海人民出版社，1999。

吴海江：《文化视野中的科学》，复旦大学出版社，2008。

郭颖颐：《中国现代思想中的唯科学主义（1900~1950）》，江苏人民出版社，1998。

汪晖：《现代中国思想的兴起》，生活·读书·新知三联书店，2004。

汪晖：《汪晖自选集》，广西师范大学出版社，1997。

段治文：《中国现代科学文化的兴起（1919~1936）》，上海人民出版社，2001。

宋志明、孙小金：《20 世纪中国实证哲学研究》，中国人民大学出版社，2002。

董光璧：《传统与后现代——科学与中国文化》，山东教育出版社，1996。

丁守和：《中国近代启蒙思潮》，社会科学文献出版社，1999。

肖锋：《科学精神与人文精神》，中国人民大学出版社，1994。

俞兆平：《写实与浪漫——科学主义视野中的"五四"文学思潮》，上海三联书店，2001。

吕乃基、樊浩等：《科学文化与中国现代化》，安徽教育出版社，1993。

吕明灼：《李大钊思想研究》，河北人民出版社，1983。

曾乐山：《中西哲学的融合——中国近代进化论的传播》，安徽人民出版社，1991。

曾乐山：《马克思主义哲学的中国化及其历程》，华东师范大学出版社，1991。

高瑞泉：《天命的没落——中国近代唯意志论思潮研究》，上海人民出版社，1991。

皮明庥：《近代中国社会主义思潮觅踪》，吉林文史出版社，1991。

王中江：《近代中国思维方式演变的趋势》，四川人民出版社，2008。

徐素华：《马克思主义哲学在中国——传播、应用、形态、前景》，北京出版社，2002。

吴丕：《进化论与中国激进主义（1859~1924）》，北京大学出版社，2005。

金观涛、刘青峰：《观念史研究——中国现代重要政治术语的形成》，法律出版社，2009。

金观涛、刘青峰：《中国现代思想的起源——超稳定结构与中国政治文化的演变》，法律出版社，2011。

丁守和、殷叙彝编著《从五四启蒙运动到马克思主义的传播》，生活·读书·新知三联书店，1979。

吴雁南等主编《中国近代社会思潮》，湖南教育出版社，1998。

陈平原、王守常、汪晖主编《学人》（第 1 辑），江苏文艺出版社，1991。

熊月之：《西学东渐与晚清社会》，上海人民出版社，1994。

王汎森：《中国近代思想与学术的系谱》，吉林出版集团有限责任公司，2011。

王汎森：《近代中国的史家与史学》，复旦大学出版社，2010。

王汎森：《思想是生活的一种方式》，北京大学出版社，2018。

桑兵：《晚清学堂学生与社会变迁》，稻禾出版社，1991。

李博：《汉语中的马克思主义术语的起源与作用》，中国社会科学出版社，2003。

陶德麟、何萍主编《马克思主义中国化：历史与反思》，北京师范大学出版社，2007。

齐思和：《中国史探研》，河北教育出版社，2000。

姜义华等：《港台及海外学者论近代中国文化》，重庆出版社，1987。

李难：《生物学史》，海洋出版社，1990。

张汝伦：《现代中国思想研究》，上海人民出版社，2001。

《商务印书馆九十年》，商务印书馆，1987。

三 译著

〔美〕周策纵：《五四运动——现代中国的革命思想》，周子平等译，江苏人民出版社，1996。

〔美〕阿里夫·德里克：《革命与历史：中国马克思主义历史学的起源（1919～1937）》，翁贺凯译，江苏人民出版社，2005。

〔美〕塞利格曼：《经济史观》，陈石孚译，商务印书馆，1926。

〔美〕埃德加·斯诺：《西行漫记》，董乐山译，生活·读书·新知三联书店，1979。

〔美〕本杰明·艾尔曼：《中国近代科学的文化史》，王红霞等译，上海古籍出版社，2009。

〔美〕伯尔纳：《1907 年以前中国的社会主义思潮》，丘权政、符致兴译，福建人民出版社，1985。

〔美〕罗伯特·B. 唐斯：《塑造现代文明的 110 本书》，金文英等译，天津人民出版社，1991。

〔美〕佩里主编《西方哲学史》，商务印书馆，1993。

〔英〕斯宾塞：《群学肄言》，严复译，商务印书馆，1981。

〔英〕克卡朴：《社会主义史》，李季译，新青年社，1920。

〔日〕河上肇：《河上肇自传》，储元熹译，商务印书馆，1963。

〔荷兰〕郭泰：《唯物史观解说》，李达译，中华书局，1920。

〔德〕柯祖基：《阶级争斗》，恽代英译，新青年社，1921。

四　学术论文与学位论文

蔺淑英：《"五四"前后中国先进分子选择唯物史观探源》，《中共党史研究》2009 年第 11 期。

张立波：《唯物史观的中国初貌：依据、内容和特征》，《江海学刊》2010 年第 4 期。

冯天瑜：《唯物史观在中国的早期传播及其遭遇》，《中国社会科学》2008 年第 1 期。

李坚：《论近代中国进化史观向唯物史观的演进》，《北方论丛》1994 年第 2 期。

段治文：《近代科学主义思潮对马克思主义传播及中国化的影响》，《嘉兴学院学报》2018 年第 4 期。

李宝艳、林婷婷：《科学主义对早期马克思主义中国化的影响及当代反思》，《福建农林大学学报》（哲学社会科学版）2017年第4期。

李向勇：《论科学主义思潮对马克思主义传播的影响》，《探索》2002年第2期。

龙观华、李小萍：《近代科学主义思潮与马克思主义在中国的传播》，《江西社会科学》2012年第3期。

陈其泰：《革命性与科学性相结合——谈中国马克思主义史学的思想遗产》，《史学理论研究》2011年第4期。

范岱年：《唯科学主义在中国历史的回顾与批判》，《科技文化评论》2005年第6期。

段治文：《中国近代唯科学主义思潮新论》，《天津社会科学》1997年第2期。

谷雪：《试论五四运动中的"科学"的象征意义》，《内蒙古社会科学》1999年第2期。

岳明君：《从"赛先生"到"科教兴国"》，《中共党史研究》1999年第3期。

杨国荣：《科学的泛化及其历史意蕴——五四时期科学思潮再评价》，《哲学研究》1989年第5期。

王果明：《从"格致学"到"科学"——近代中国对"科学"认识的深化》，《中州学刊》1990年第2期。

樊洪业：《从"格致"到"科学"》，《自然辩证法通讯》1988年第3期。

陈广仁：《科学主义的36个定义》，《科技导报》2010年第9期。

蔺淑英：《唯物史观在中国的传播与创造性运用（1919~1949）》，博士学位论文，山东师范大学，2011。

余建军：《从进化论到唯物史观——中国马克思主义哲学起源史研究》，博士学位论文，南开大学，2014。

李文远：《中国近代进化史观研究》，博士学位论文，黑龙江大学，2011。

周一川：《近代中国留日学生人数考辨》，《文史哲》2008年第2期。

张湘炳：《陈独秀的第一篇著作——〈扬子江形式论略〉评价》，《社会科学战线》1982年第1期。

谢荫明：《知识准备与马克思主义的传播》，《北京党史研究》1994年第6期。

瞿磊：《〈建设〉杂志对马克思学说的介绍与研究》，硕士学位论文，湖南师范大学，2003。

司徒伟智：《启蒙中国——〈共产主义ABC〉对中共的历史贡献》，《档案春秋》2011年第6期。

王增智：《社会进化论：唯物史观在中国早期传播的理论中介》，《西南民族大学学报》（人文社会科学报）2014年第9期。

单继刚：《社会进化论——马克思主义哲学在中国的第一个理论形态》，《哲学研究》2008年第8期。

张小平：《李大钊思想研究》，博士学位论文，中国社会科学院，2000。

程美东：《论毛泽东对主观能动性的认识和实践》，《北京师范大学学报》（人文社会科学版）2000年第5期。

冯崇义：《罗素访华平议》，《近代史研究》1991年第4期。

张灏：《中国近代思想史的转型时代》，《二十一世纪》1999年第4期。

后　记

　　恩格斯在马克思墓前的讲话中，将马克思一生的功绩概括为两大发现：一个是唯物史观，另一个是剩余价值理论。在马克思主义传入中国的初期，早期传播者对马克思的这两大理论贡献均进行了译介。但就传播效果而言，两大理论形成了鲜明的对比。与影响泛泛的剩余价值理论相比，唯物史观进入中国"一石激起千层浪"，无论是支持马克思主义的，还是反对马克思主义的，抑或修正马克思主义的，无不服膺马克思的唯物史观。是什么力量、在何种知识条件下使唯物史观在当时大受欢迎？在追问这一问题时，我发现在对马克思主义早期传播、唯物史观早期传播的研究中，科学主义思想及其文化实践是经常被忽略的地方。一项思想"史"的研究，除了关注思想本身之外，还应注意到该思想形成的"前因"和"后果"。"前因"即这一思想形成发展的"前史"，或者更准确地说是这一思想形成发展的知识基础和价值基础。"后果"即这一思想发展的"后史"，如传播史、接受史等。目前学界对唯物史观的相关研究将更多的目光聚焦在"后史"之上，本书则重点从"前史"的角度分析这一问题，希冀深化学界对唯物史观早期传播的相关研究。

　　总体而言，本书主要以时间为脉络，通过三个视角纵向阐释"科学主义对唯物史观早期传播的影响"这一论题。第一个视角是唯物史观传入中国之前，探讨科学主义思想的早期传播及其影响。近代科学报刊的发行、科学教育的普及以及科学团体的形成是现代启蒙运动的先决条件。首先，在清末民初的政治变局中，现代报刊数量激增，成为宣传普及科学思想的重要载体。其次，随着科举制的废除以及完整的教育行政体系的建立，新式学堂在中国大量涌现，现代科学教育逐渐普及。最后，通过科学知识的普及、科学思想的传播，一些新的知识社群和文化团体开始出现。唯物史观早期传播者大都是接受过科学主义思想洗礼的新知识阶层。以中国共产党早期领导人为例，他们中的一些人曾就读于北京大学或留学欧洲、日本，毛泽东、邓恩铭、王尽美等也都上过新式学堂，接受过现代科学教育。从这个视角可以看出，科学主义思想的早期传播为唯物史观传入中国并传播奠定了思想文化和人才基础。

第二个视角是探讨唯物史观传入中国之时，科学主义思想对唯物史观早期传播的具体影响。研究发现，唯物史观传入中国后，科学主义中的唯物主义、进化主义和实用主义三个理念成为中国先进分子初步阐释唯物史观的理论中介与桥梁。从唯物史观早期阐释的内容来看，早期传播者主要从"社会进化论""经济决定论""实用主义"等视角出发分析和阐释唯物史观，而这些内容正是科学主义思想在中国早期传播并深入人心的重要理念。早期中国共产党人为什么信仰唯物史观？科学主义中的唯物主义、进化主义理念使知识分子改变了中国传统的唯心史观、循环史观和退化史观，唯物史观特别强调人类社会从低级到高级的演化，立足于自然科学的发展之上并批判吸收了进化论思想，而神学观念、中国传统的循环论等观点不会形成这样的科学观念。而科学主义中的实用主义思潮所传播的理论与实践相统一、真理的客观性和效用性等思想给予中国传统实用理性更加科学的方法论和真理观。

第三个视角是探讨唯物史观与科学主义相结合后，科学主义与唯物史观在五四运动后的发展趋向。在科学主义理念的促进之下选择和接受唯物史观的早期马克思主义者，通过参与科学与人生观论战，将科学主义与唯物史观合二为一，唯物史观、马克思主义成为科学的代名词。以陈独秀为例，他认为马克思主义是科学，是因为首先从方法论的角度来说作为社会科学的马克思主义是唯物的、实证的和归纳的；其次，马克思主义不仅是科学的历史观，还是科学的人生观和社会观；最后，马克思主义不仅能够解释世界，而且能够改造世界。唯物史观与科学的结合不仅促进了马克思主义在青年中的广泛传播，而且使马克思主义作为意识形态与科学相融合，具体指导中国的革命实践，推动了大革命高潮的到来。以上是本书的主要研究内容。总体而言，科学主义和唯物史观均为近代以来对中国影响深远的社会思想。本书也仅对"科学主义对唯物史观早期传播的影响"这一论题做了一些抛砖引玉的研究。

本书大部分篇幅完成于燕园，于我而言，匆匆四年，"园子"里的美好回忆像书页里的剪影，既那么真实，又充满虚幻。"真实"是未名湖里嬉笑追逐的野鸭，是小燕南中爬满绿藤的篱笆，是学一食堂热气腾腾的梅菜包子；"真实"是每周一次的"文献综述"，是煎熬的"中期考核"，是苦思冥想的"论文写作"。"虚幻"是毕业之际疫情到来，未来得及道别就已离开。无论"真实"还是"虚幻"，这些对我而言都是美好的人生境遇。北大给了我以梦为马、仗剑天涯的底气和勇气！

本书脱胎于本人的博士学术论文，本书能够出版，在这里要衷心感谢导师程美东教授。从博士学位论文的选题到定稿的每个阶段，程老师都悉心教导，督促我不断进步。老师高山景行，渊博的学识和人格魅力都让我景仰，也是我学习的榜样。衷心感谢硕士导师陆玉林教授。师者如兰，香远益清，老师在我尚处懵懂状态之时带我走上学术道路，并鼓励我继续考博深造。衷心感谢我在北大马院学习时悉心指导和关照我的诸位老师。感谢李翔海老师、杨河老师、仝华老师、孙蚌珠老师、孙代尧老师、孙熙国老师、白雪秋老师、王强老师等对我成长的帮助。感谢王文章老师、王久高老师、陈培永老师、耿化敏老师在我博士学位论文开题、预答辩时期提出的诸多宝贵意见。感谢冯留建老师、高中华老师、林绪武老师、史春风老师、赵诺老师在疫情期间不辞辛劳审阅拙作，并担任博士学位论文答辩委员会委员，出席我的论文答辩，为我提出建议、指点迷津。感谢社会科学文献出版社编辑团队对本书出版所做的工作。

感谢北京邮电大学为本书提供的出版资助，马克思主义学院给了我一个宽松自在的学术环境，使我可以全身心投入自己感兴趣的研究课题。本书得到国家社会科学基金青年项目"早期中国共产党人探索'第三新文明'的实践历程与历史经验研究"的资助。

最后，衷心感谢我的家人，感谢父母一直以来在我学术道路上给予的支持和帮助，感恩我的先生马炜同志一直以来的默默付出。

信　元

2023 年 7 月 26 日写于北京

图书在版编目（CIP）数据

唯物史观在中国的早期传播与接受：科学主义思想
的影响机理探究 / 信元著 . --北京：社会科学文献出
版社，2023.8
  ISBN 978-7-5228-2478-9

  Ⅰ.①唯…　Ⅱ.①信…　Ⅲ.①历史唯物主义-传播-
研究-中国　Ⅳ.①B27

  中国国家版本馆 CIP 数据核字（2023）第 170262 号

唯物史观在中国的早期传播与接受
　　——科学主义思想的影响机理探究

著　　者／信　元

出 版 人／冀祥德
责任编辑／郭红婷
责任印制／王京美

出　　版／社会科学文献出版社·马克思主义出版分社（010）59367004
　　　　　　地址：北京市北三环中路甲 29 号院华龙大厦　邮编：100029
　　　　　　网址：www.ssap.com.cn
发　　行／社会科学文献出版社（010）59367028
印　　装／三河市东方印刷有限公司

规　　格／开 本：787mm×1092mm　1/16
　　　　　　印 张：12　字 数：155 千字
版　　次／2023 年 8 月第 1 版　2023 年 8 月第 1 次印刷
书　　号／ISBN 978-7-5228-2478-9
定　　价／78.00 元

读者服务电话：4008918866